info3

JÁNOS DARVAS

GOTTESERFAHRUNGEN

PERSPEKTIVEN DER EINHEIT

ANTHROPOSOPHIE
UND DER
DIALOG DER RELIGIONEN

MIT EINEM GELEITWORT VON JOHANNES KIERSCH

1. Auflage

Gestaltung und Umschlagfoto: Frank Schubert, Frankfurt am Main, www.knarfswerk.de
Printed in Germany by Lindendruck, Hannover
ISBN: 978-3-924391-41-6

www.info3.de

Inhalt

Gotteserfahrung kann durch keine Religion, durch kein Gedankensystem monopolisiert werden. Als ultime Erfahrung ist sie nicht nur möglich, sondern auch notwendig: auf dass jeder Mensch sich der eigenen Identität bewusst werde.

Raimon Panikkar

Man braucht in der Zukunft keine neuen Religionen. Die alten enthalten das, was sie enthalten können. Weisheit enthalten sie. Dann wird man die alten Formen auch wieder verstehen, dann werden die alten Religionen durch die Geisteswissenschaft wieder zur Geltung kommen können. Jeder Mensch wird wieder zu seiner Religion kommen.

Rudolf Steiner

Der Prophet Elias hat gelehrt: Ich rufe den Himmel und die Erde als Zeugen, dass sich der Heilige Geist jeder Individualität, wer immer sie auch sei – Mann oder Frau, Jude oder Nicht-Jude, Freier oder Sklave – mitteilen kann.

Chaim Vital

Experimentalreligionslehre. Experimentieren in Gott.

Novalis

Geleitwort
von Johannes Kiersch

Unter den vielen spirituell orientierten Kulturströmungen der Gegenwart nimmt die Anthroposophie Rudolf Steiners eine besondere Stellung ein. Sie erhebt den Anspruch, das erkennende Vordringen in eine „geistige" Welt jenseits der Grenzen aller an Sinnesdaten gebundenen Forschung als *Wissenschaft* zu betreiben. „Die wahre Geistesforschung", so Steiner in seinem Vortrag auf dem internationalen Philosophiekongress in Bologna im Jahre 1911, „nimmt den ganzen inneren Seelenapparat von Logik und Selbstbesonnenheit mit, wenn sie das Bewusstsein aus der sinnlichen in eine übersinnliche Sphäre zu verlegen sucht" (GA 35, S. 136). Und in der Tat sehen gelehrte Kritiker, die untersucht haben, wie im Prozess der Säkularisierung traditioneller religiöser Weltbilder während des 19. Jahrhunderts methodische Prinzipien der modernen Naturwissenschaft in alte Esoterik eingewandert sind, dass kaum jemand so energisch und konsequent „übersinnliche" Forschung methodologisch abgesichert hat wie Steiner.[1] Das aber hat, so notwendig und wichtig es war, problematische Folgen. Aussagen Steiners, der überragenden Autorität auf dem Felde anthroposophischer „Geistesforschung", werden, gerade weil sie auf so einleuchtende Weise wissenschaftlich gesichert erscheinen, nur allzu leicht als absolut gültige Wahrheiten aufgefasst. Steiner selbst war da vorsichtiger. Für ihn sind geistige Wahrnehmungen als solche etwas anderes als „in Begriffe des gewöhnlichen Bewusstseins *umgesetzte* geistige Wahrnehmungen" (GA 21, S. 143). Er vergleicht die Vorstellungen, mit deren Hilfe wir uns als Menschen der Gegenwart aus irdisch-sinnlicher Perspektive über Erscheinungen der Geistwelt verständigen, mit „Schleiern".[2] Wer einzelne Wahrheiten der Anthroposophie absolut setzt, ist immer in

1 Siehe z.B. Olav Hammer: Claiming Knowledge. Strategies of Epistemology from Theosophy to the New Age. Leiden:Brill, 2004.

2 Siehe dazu J. Kiersch: Gewordene und werdende Esoterik. In: K.-M- Dietz (Hrsg.): Esoterik verstehen.

der Gefahr, in dogmatische Fixierungen hineinzugeraten. Dies nun wird besonders überall dort zum Problem, wo Steiner sich über das Verhältnis der großen Weltreligionen zueinander ausspricht. Seine Mitteilungen über die Geheimnisse des Christentums richten sich nahezu ausschließlich an Menschen, die im europäischen Kulturraum beheimatet sind, im Milieu christlicher Glaubenstraditionen, denen authentische spirituelle Erfahrung etwas beunruhigend Fremdes geblieben ist. Dieser Situation gemäß spricht Steiner oft aus einer einseitig eurozentrischen Sichtweise, besonders, wenn er sich über den Islam äußert. Es geht deshalb nicht an, ihn auf einzelne Formulierungen festzulegen. Wie vorsichtig wir da sein müssen, zeigen in besonders deutlicher Form aphoristische Notizen aus einer esoterischen Lehrstunde vom 7. Juli 1904, in denen es heißt: „Wir müssen uns fortwährend Kleider und Hüllen vom Wesen der Sache machen, uns aber bewusst sein, dass in diesen Hüllen und Kleidern das Wesen der Sache gar nicht enthalten ist. ... Bilde fortwährend Formen des Begreifens, aber überwinde zugleich immer diese selbstgeschaffenen Formen des Begreifens. ... Der Mensch muss, um die Wahrheit zu erkennen, dogmatisieren, aber er darf nie im Dogma die Wahrheit sehen.“[3] Auch Steiners bekannter Satz „Anthroposophie stört niemandes religiöses Bekenntnis“ mahnt uns zur Vorsicht.

In anthroposophisch orientierten Publikationen der letzten Jahre, die ja in erfreulicher Weise, auch wenn sich hier und da fundamentalistische Töne einmischen, die erfrischende Offenheit einer aufgeklärten Streitkultur erreicht haben, treten besonders hinsichtlich des Christusbegriffs der Anthroposophie zwei schwer miteinander zu vereinbarende Tendenzen zu Tage. Zum einen die Stimmung, alles, was Steiner über den Christus geäußert habe, sei nichts als marginales Beiwerk der zentralen Botschaft einer zeitgemäßen Bewusstseinserweiterung, womöglich gar nur ein opportunistisches Zugeständnis an eine dem konfessionellen Kirchenglauben verhaftete

3 GA 89 (2001), S. 253 f.

Hörerschaft. Man habe sich davon frei zu machen und Anschluss zu suchen an moderne Geistsucher, denen gleichfalls ein authentisches Erleben jenseits der Schwelle unseres Alltagsbewusstseins wichtiger ist als jede Tradition. Zum anderen das Festhalten an der Überzeugung, dass in der anthroposophischen Christus-Botschaft, wie sie im Werk Rudolf Steiners in allen Einzelheiten ausformuliert und in ein grandioses Bild der Menschheitsentwicklung hinein verdichtet worden ist, die endgültige Zukunft aller Religionen beschlossen liege. Hiervon abweichende Glaubensüberzeugungen und Traditionen seien zu tolerieren, hätten sich aber doch in absehbarer Zeit der neuen und endgültigen Offenbarung anzuschließen.

In dieser Situation sind die hier versammelten Essays von János Darvas außergewöhnlich aktuell. Darvas ist durch sein besonderes Schicksal auf hohem Niveau mit den historischen und philosophischen Hintergründen aller großen Weltreligionen bekannt geworden. Freundschaften über Länder- und Weltanschauungsgrenzen hinweg haben ihn zu einem behutsam-nachdenklichen Sucher werden lassen, dem die Vorläufigkeit aller „Dogmen" zum tragenden Lebensgefühl geworden ist, der deshalb unbefangen auf die spirituellen Errungenschaften aller Kulturkreise der Menschheit eingehen und die darin liegenden Zukunftsmöglichkeiten in freilassender Weise erschließen kann. Solche Sucher hat Rudolf Steiner sich gewünscht. Und sie sind heute überall anzutreffen: einsame Wanderer, die sich freuen, wenn sie Gleichgesinnten begegnen. Was János Darvas schreibt, ist eine Art Wegleitung dafür.

Seine Ausführungen werden aber auch für Leser wichtig sein, die danach fragen, ob die alte Idee des gemeinsamen Ursprungs aller Religionen und Weltanschauungen, einer *philosophia perennis,* als nostalgische Wunschvorstellung aufgegeben werden muss, wie die moderne kulturgeschichtliche Forschung meint, oder ob sie als künftige „planetarische" Religion einer „unsichtbaren Kirche"[4] eines

4 So der evangelische Theologe Paul Schwarzenau, ein Freund der Anthroposophie, in seinem Buch „Das nachchristliche Zeitalter", Stuttgart 1993.

Tages doch Wirklichkeit werden kann. Wenn diese Möglichkeit besteht, wäre es von größtem Wert, das gewaltige Potential einer anthroposophisch-phänomenologischen Religions- und Traditionsforschung, das in der Rudolf Steiner Gesamtausgabe versteckt ist, vorurteilslos zu mobilisieren. Das wird in den material- und perspektivenreichen Betrachtungen, die Darvas in diesem Buch vorlegt, angestrebt und in vielem auch schon praktiziert. Zugleich wird damit ein Beitrag zu der immer wieder neu aktuellen Aufgabe geleistet, die lebendige, wirksame Substanz der Anthroposophie vor Festschreibungen, Theologisierungen und Konfessionalisierungen zu schützen, oder mit den Worten Rudolf Steiners gesagt: die tradierten „Formen des Begreifens" wieder auch zu „überwinden". Das heute so oft geforderte „interreligiöse Gespräch" braucht kein wechselseitiges Anbiedern zu bleiben. Es kann in geduldiger Gedankenarbeit, wie Darvas sie leistet, zu neuer gemeinsamer Erkenntnis führen.

Johannes Kiersch war Lehrer an einer Waldorfschule und arbeitet am Institut für Waldorfpädagogik in Witten. Er ist u.a. Verfasser einer Studie über die Geschichte der von Steiner gegründeten Freien Hochschule für Geisteswissenschaft.

Anthroposophie und religiöser Pluralismus

Probleme und Perspektiven eines modernen Dialogs

Den folgenden Überlegungen liegt die Überzeugung zu Grunde, dass die von Rudolf Steiner (1861 – 1925) begründete Anthroposophie einen fruchtbaren Beitrag zur Religionserkenntnis und zur Verständigung der Traditionen untereinander leisten könnte und sollte. Dass dies bisher noch nicht geschehen ist, hat Gründe, die weniger im Wesen des anthroposophischen Ansatzes liegen dürften als vielmehr in der Rezeption des Werkes Rudolf Steiners als verbindliche Weltanschauung mit religiös-bekenntnisartiger Färbung.

Die anthroposophische Bewegung ist zu Beginn des 20. Jahrhunderts dezidiert *nicht* als neue Religionsgründung angetreten. Sie stellte sich nach eigenem Verständnis in die abendländische Tradition sowohl älterer esoterischer als auch neuerer exakter Wissenschaft. Beide sollten im Feld der heutigen Bewusstseinsverfassung weiterentwickelt und verbunden werden. Das waren unzweifelhaft – was immer auch zu deren Umsetzung gesagt werden mag – die programmatisch angekündigten Intentionen Rudolf Steiners. Im Laufe der mittleren Periode von Steiners Lehrtätigkeit – zwischen 1907 und 1914 – spitzten sich freilich die Interessen der Zuhörer und Steiners Forschungsintentionen auf die Erkenntnis des Christentums hin zu. Obwohl es sich nach Aussage Steiners um „Forschungsresultate" handelte, boten sie zugleich Nahrung für spirituelle und auch religiöse Lebensbewältigung. Ihre intime Qualität forderte Behutsamkeit und auch devotionale Tugenden. Dass Devotion aber im Sinne einer neuen Bewusstheit auf Wahrheit und Erkenntnis zu richten sei – so der klare Hinweis in Steiners Übungsbuch *Wie erlangt man Erkenntnisse der höheren Welten* – und nicht auf mitgeteilte Inhalte, lag in der Logik einer undogmatischen Spiritualität, die nicht als Religion konzipiert war.

Sich daran zu halten, hätte völlig neue Fähigkeiten hervorgerufen. Das war offenbar schwer zu entwickeln. Die Grenzen zwischen spiritueller *Erkenntnis* und religiös-inhaltlichem *Bekenntnis* verwischten sich in der Anhängerschaft früh. Das hat bleibende Spuren bis heute hinterlassen. Manche Anthroposophen identifizieren seither die Perspektiven eines durch esoterische Gesichtspunkte erweiterten, religiösen Christentums mit der Anthroposophie als ganzer. So unbestritten legitim es für persönliche Bedürfnisse auch ist, religiöse Glaubenssubstanz von spiritueller Erkenntnis her – zumal einer, die Auskunft über esoterisches Christentum geben will – zu stützen und zu bereichern: Die Bandbreite, die von Anfang an im Ansatz der Anthroposophie veranlagt war, wurde auf diese Bahnen beschränkt. Der universale Anspruch einer Geisteswissenschaft, die sich als Kulturen und Konfessionen übergreifende Bewusstseinsschulung anbot, geriet in verengtes Fahrwasser.

Die Entscheidungen Rudolf Steiners für eine aus der christlich-abendländischen Tradition inspirierte Darstellungsform entsprang dabei zweifellos einer inneren Notwendigkeit. Das universelle, Religionen übergreifende Erkenntnispotential des anthroposophischen Ansatzes geriet aber in der Folge tendenziell *gerade an der Stelle* aus dem Blickfeld, wo es sich universell fokussieren wollte: im Christus-Begriff. Er nimmt in Rudolf Steiners Darstellungsweise der Evolutionsdynamik von Mensch und Welt einen wichtigen Platz ein. Er war aber von ihm als überkonfessionell und sogar trans-religiös konzipiert: als Chiffre einer universal-vermittelnden, kosmischen Instanz als Herzstück von Evolution überhaupt, die zugleich im Ich des Menschen zur Aktualität kommt. Da sich diese Darstellungen weitgehend narrativ auf die christlichen Texte und Überlieferungsformen bezogen, drohte paradoxerweise gerade diese Universalität dialektisch in christlich-konfessionellen Partikularismus umzuschlagen. Dass andere Traditionen andere Chiffren einer universal-vermittelnden, kosmischen Instanz als Herzstück haben, die ebenfalls im Ich des Menschen zur Aktualität kommen will, wird dann nicht mehr gesehen und bestenfalls relativiert. Diese Traditionen werden dann von einer christlichen, nunmehr „geisteswissenschaftlich" zubereiteten, nominalistischen Sprechweise und fixierten Symbolik her beurteilt. Der ganze Reigen von Suprematieansprüchen, Überbietungsszenarien, konfessionell gebundenen Denk- und Empfindungsformen lässt in der Folge nicht auf sich warten, ja drängt nur darauf, Einzug zu halten. Emblematisch wird zuweilen eine aus den Darstellungen Steiners gespeiste hochchristologische Dogmatik hochgehalten, die durch ihre Etikettierung als „Forschungsergebnis" sogar noch zwingender wirken kann als althergebrachte Kirchenlehre.

Statt sich auf die Prozesse zu konzentrieren, die hinter den traditionell gebundenen Bildgestaltungen verbergen, statt Anregung zur wirklich individuell durchgeführten Erkenntnisarbeit zu suchen, werden unreflektiert Theologumene weitertransportiert. In dieser Weise missverstanden, erweisen sich die Formulierungen Steiners dann als Hindernisse. Sie fallen auf den Boden vergangener, unverwandelter Empfindungs- und Denkweisen. Sie wechseln unvermerkt ihre Perspektive, verlieren ihr erkenntnisleitendes Potential und versperren die Wege wahrer Dialogfähigkeit.

Das wirkte sich in der Folge auf die anthroposophische Religionsforschung aus, insbesondere auf die Beurteilung nicht-christlicher Traditionen sowie der Menschen, die mit ihnen verbunden sind. Die als okkulte Forschungsresultate vorgelegten christologischen Darstellungen Rudolf Steiners werden als Referenz eingesetzt, an denen sich alles andere zu messen hat. Sie werden dabei oft in die Nähe einer Erfüllungstheologie gerückt. Nicht-christliche Traditionen werden dann *im Vorhinein* auf das Christentum hingeordnet beurteilt. Einer wahrhaften Wissenschaftsgesinnung müsste es aber darum gehen, Traditionen so zu begegnen, dass ihre *eigenen* universellen Fokussierungen, ihre eigenen universell-vermittelnden Instanzen genuin sichtbar werden, *bevor* sie mit Christentum (oder irgendeiner einer anderen Religion) verglichen werden.

Diese diffizilen Probleme diskursiv aufzulösen ist mühselig und unbequem. Man setzt sich in alle möglichen Richtungen Missverständnissen aus – es muss aber gewagt werden. Wir leben in veränderter Zeitlage. Viel intensiver als zur Entstehungszeit der Anthroposophie werden heute substantielle Impulse unterschiedlicher Religionen und geistiger Traditionen erfahren. Das wird von vielen Menschen wahrgenommen, sogar von einer Elite innerhalb der christlichen Kirchen selber. Katholische Theologen wie Jacques Dupuis, Claude Geffré oder Raimon Panikkar haben mit überlieferter Erfüllungstheologie gebrochen und sind radikal neue Wege gegangen, um der Pluralität der Religionen wirklich anerkennend gerecht zu werden. Auch von dem christlichen Inklusivismus, der sich andere Religionen wohlwollend einverleiben will, haben sie konsequent Abschied genommen. Ähnliches kann übrigens auch bei Vertretern anderer Religionen – die ihre eigenen spezifischen Erfüllungs- bzw. Inklusivismusprobleme haben – beobachtet werden. Ein Ringen um ein neues Bewusstsein, um neue Ausdrucksformen hat begonnen. Gebundenes Denken und festgefahrene Diskurse werden durchbrochen. Um ein solches Ringen geht es auch in den folgenden Ausführungen.

Jenseits konfessioneller Bindungen und Diskurse

Wir stellen deshalb die Frage rundheraus und unverblümt: Ist Anthroposophie überkonfessionell und hält sie deshalb ihr Haus allen Religionen offen? Und wenn ja, dann wie? Oder führt sie schlussendlich in ein Christentum hinein, das, wiewohl nichtkirchlich, freundlich und tolerant, sogar esoterisch, dann doch zu einem unbemerkten Konfessionalismus führt? Kann ich als Moslem, Buddhist oder Jude, der ich bis in die letzten Konsequenzen hinein sein will, in diesem Hause wirklich voll heimisch werden, oder werde ich von andern Bewohnern zwar freundlich als Gast aufgenommen, dann aber irgendwann gebeten, mich nun endlich doch als „Christ" zu bekennen? Und wie steht es tatsächlich mit jenem Passus in den Statuten der Allgemeinen Anthroposophischen Gesellschaft, – der dort doch wohl nicht als Lippenbekenntnis steht, sondern im Sinne authentischer religiöser und weltanschaulicher Pluralität, – dass Mitglied dieser Gesellschaft jeder sein kann, unabhängig von seiner religiösen, sogar weltanschaulichen Überzeugung? Ich stelle diese Fragen, weil sie an den Nerv dieser spirituellen Richtung geht.

Wird dieser Nerv aber auch gespürt? Oder ist es etwa gar kein Problem? Nur zur Verdeutlichung: Eine inzwischen verstorbene anthroposophische Dame, die mich schätzte und förderte, fragte regelmäßig bei einem gemeinsamen Freund nach, ob ich mich denn nun endlich habe taufen lassen! Es muss hinzugefügt werden, dass sie aus einer erzkatholischen großbürgerlichen Familie stammte. Mit der Anthroposophie war sie tief und auf ihre Weise verbunden. Praxis und Prinzipien sind nun einmal nicht immer deckungsgleich, weder bei Anthroposophen noch anderswo. Wie aber, und das ist die eigentliche Frage jenseits illustrierender Anekdoten, steht es diesbezüglich in den Tiefenschichten begründeter Erkenntnis?

Die Frage ist ernst, ja lebenswichtig. Anthroposophie als weit wirkende Bewegung und als praxisorientierter, spiritueller Kulturfaktor steht an der Schwelle einer sehr fordernden Situation – nein: sie hat diese Schwelle spätestens überschritten, als 1989 in Israel, Ägypten und Japan Waldorfschulen gegründet worden sind. Diese Initiativen wollen und müssen sich im Boden der dortigen Kulturen und Religionen einwurzeln. Und die Frage ist auch deshalb virulent, weil jüngere Anthroposophen auch hierzulande zum Problem der Überkonfessionalität Fragen öffentlich artikulieren, und zwar nicht deshalb, weil sie selbst konfessionell gebunden wären, sondern weil sie eigene spirituelle Erfahrungen gemacht haben, oder in ihrem Lebensentwurf mit Spiritualitäten anderer Weltreligionen in intimen Kontakt gekommen sind. Ihre Fragen gehen auf eine „trans-christliche" Anthroposophie. Es ist interessant zu sehen, wie verbissen, emotional und gespickt von Verbalattacken die Kontroversen sind, die diese Fragen ausgelöst haben. Nun sind sie aber nicht nur berechtigt. Sie müssen, längst fällig, energisch begrüßt werden, unabhängig davon, ob man mit den Thesen, die von den Fragestellern sonst noch vertreten werden, einverstanden ist oder nicht. Es ist wenig sinnvoll, sich im Stil alter theologischer Kämpfe zu polarisieren, sich in atavistisch-mittelalterlicher Manier in Rechtgläubige und Ketzer zu scheiden. Ausgetragen werden muss eine solche Debatte aber allemal. Jedenfalls sind die als provokativ empfundenen Publikationen und Thesen von Felix Hau zu einem Zeitpunkt in die öffentliche Diskussion geworfen worden, als sie längst im Untergrund da waren, bei den einen mehr schlummernd, bei den anderen eher verdrängt.[5]

Dass man sie umgehen will, ist nicht verwunderlich, denn diese Fragen, schaut man ihnen wirklich in die Augen, sind wahrlich keine leichte Kost. Nun stehen sich die Auffassungen einer „trans-christlichen" Anthroposophie und einer dennoch „christlichen" unaufgelöst gegenüber. Die Frage ist, ob sie überhaupt zu lösen ist, und wenn ja, dann wie. Es bleiben Aporien, die in der Weise zu Tage treten, wie beide, die Vertreter einer „trans-christlichen" und die Vertreter einer „christlichen" Anthroposophie, sprechen. Eine Aporie ist eine „Weglosigkeit" (griechisch: a-poros: kein Weg), wo das diskursive Denken an ein unauflösbares Ende kommt. Wo Diskursivität endet, endet aber das Denken keineswegs. Die Problematik rankt sich nicht zuletzt um die Schwierigkeit, die im Gebrauch des Namens „Christus" und anderer in der christlichen Tradition gängiger Ausdrucksweisen liegen, die von Rudolf Steiner übernommen wurden, zum Teil in spezifischen Abwandlungen und Zusammensetzungen („Christus-Impuls", „Mysterium von Golgatha"). Sie sind jedenfalls von vornherein religiös und konfessionell gefärbt. Das ist in der Tat eine Schwierigkeit, die trotz der besonderen Art, wie Rudolf Steiner diese Bezeichnungen verwendet, nicht leichthin aus der Welt zu schaffen ist. „Christus" verweist nun einmal auf den Grundmythos

5 Felix Hau: Eingeweihter, Lebemann, Priester: Rudolf Steiner integral, in: Zeitschrift *info3 – Anthroposophie im Dialog*, Mai 2005

– im positiven Sinne eines fundamentalen Faktums des christlichen Bewusstseins – dieser einen Religion, die sich Christentum nennt, der aber für alle anderen Religionen nicht in gleicher Weise relevant sein *kann.* Er ist historisch und konfessionell so sehr „konnotiert", dass er sich in der Regel sogar als Hindernis erweist, sobald Christen in einen interreligiösen oder einen interspirituellen Dialog mit Nicht-Christen eintreten wollen.

Ausdruck und Kern

Man kann die Fragen, die so gestellt sind, auch folgendermaßen angehen. Wie würde wohl Anthroposophie aussehen, wäre sie nicht im christlich geprägten Mitteleuropa entstanden, sondern beispielsweise in Indien? Welche andere Form hätte sie angenommen – welche Vokabeln, welche Syntax? Ein unmöglicher Vorschlag? Vielleicht. Methodisch aber fruchtbar. Ich habe einmal einen als sehr „orthodox" geltenden Anthroposophen sagen hören: Wäre Rudolf Steiner als Franzose geboren worden, Anthroposophie hätte ein ganz anderes Antlitz bekommen. Das war großzügig gedacht, fast ein wenig ketzerisch, denn für Viele ist Mitteleuropa – die Mission des deutschen Geistes, die spirituellen Potenzen der deutschen Sprache – wesenseins mit Anthroposophie. Zugegeben: der historische Kulturboden, der „Sitz im Leben", auf dem so ein Gebilde wie Anthroposophie entstanden ist, und der Kern, der sich als universell versteht, können nicht künstlich getrennt werden. Und doch kommt man nicht umhin, eine Differenz zwischen „Kern" und „Ausdruck" methodisch in Erwägung zu ziehen, andernfalls landet man im engstirnigsten Dogmatismus. Man müsste langsam (oder vielleicht doch sehr schnell?) lernen, von beschränkter Orthodoxie und ängstlicher Pietät wegzukommen. Allzu oft glauben Anhänger, eine historisch-kritische Beobachtung der Entwicklung Steiners und der Anthroposophie würde deren Bedeutung verringern oder beschädigen. Dass

Kontextualiserung von Steinerkritikern gelegentlich überzogen und reduktionistisch praktiziert wird, ist keineswegs ein Grund, auf dieses Erkenntnisinstrument zu verzichten oder es nur zögernd und zaghaft einzusetzen. Wie sollte eine spirituelle Bewegung, die einen Anspruch auf Wissenschaftlichkeit im modernen (heute auch post-modernen) Sinne erhebt, hier zurückbleiben wollen? Mangelt es an Mut? Erst ein evolutives Denken, das auch die Forderung nach historischer Wahrhaftigkeit ernst nimmt, kann in den Wandlungen, Kämpfen und Klärungen innerhalb der spirituellen Bewegung und der biographischen Entwicklung ihres Gründers die Entelechie wirklich sichtbar machen, die unzerstörbar ist, auch durch Brüche und Widersprüche hindurch.

Es sollte uns übrigens trösten, dass wir es nirgends in irdischen Belangen, auch wenn sie sich um Geistiges und Göttliches ranken, mit Unfehlbarkeiten zu tun haben. Die Religionen haben längst damit begonnen, das im Ansatz durchzuspielen, jedenfalls progressives Christentum und Judentum. Nicht ohne Kämpfe und Rückschläge freilich. Als der durchaus traditionell gesinnte große britisch-jüdische Gelehrte Louis Jacobs „Chief Rabbi of the United Hebrew Congregations of the Commonwealth" werden sollte, wurde ihm seine These zum Verhängnis, Offenbarung sei ein progressiver Prozess. Die orthodoxen Hardliner des Rabbinatsrates legten ihr Veto ein. Jacobs gründete daraufhin in London eine unabhängige Synagogengemeinde. Für das katholische Christentum kann der Fall Küng als beispielhaft gelten.

Steiners biographische Prägung durch den Katholizismus

Im Sinne einer solchen Einstellung, die das historische Moment mit berücksichtigt, kommt man unumgänglich zu der Frage, ob spirituelle Erfahrung und spirituelles Erkennen jenseits und unabhängig von Kontexten und Grundierungen durch vorausliegende Traditionen je real geworden sind und überhaupt real werden *können.* Gibt es nicht immer spezifische Ausgangspunkte in der jeweiligen Kultur, und Prägungen, die im spirituellen „Aufstieg" mitgenommen werden, und im „Abstieg" Form und Inhalt mit determinieren? Sollte das nicht auch bei Rudolf Steiner der Fall gewesen sein? Ist er nicht von dem Boden der Tradition, in der er stand, geprägt worden?

Es gibt diesbezüglich eine biographische Tatsache, die nicht zu übersehen ist. Ich hebe sie im Folgenden stärker hervor, als sie dann in einem größeren Zusammenhang einzuschätzen ist. Ich meine die Tatsache, dass Rudolf Steiner in seiner Kindheit durch die Teilnahme an der katholischen Messe geprägt worden ist, bei der er als Ministrant aktiv einbezogen war, – also von anschaulicher, aus kultischer Tradition wirksamer, christozentrischer Spiritualität. Er betont zwar in seinen autobiographischen Rückblicken, dass er weltanschaulich – im Sinne katechetischer Belehrung – von der Kirchenlehre überhaupt nicht berührt worden sei, weil seine Eltern ihn nicht am Religionsunterricht teilnehmen ließen. Was wäre aber eine tiefere „Belehrung" als die katholische Messe selbst? Ich meine das nicht nur im Hinblick auf Bilder, Symbole und kultische Einkleidungen, sondern bis hin zum Substantiellen, das im Messopfer als mitgegeben empfunden wird, und über das er selbst in seiner Spätzeit Vieles gesagt hat, und was sogar zur Gestaltung eines neuen Messgottesdienstes (der „Christengemeinschaft") mit seiner maßgeblichen Hilfe geführt hat. Nun ist es natürlich schwer, die Bedeutung und das Ausmaß einer religiösen Prägung der Kindheit bei einem Anderen abzuschätzen oder gar auszumessen. Man kommt aber um solche Fragen – die innerhalb der anthroposophischen Bewegung kaum gestellt werden – nicht herum. Ist nicht der Österreicher Rudolf Steiner – der sich über den gegenreformatorischen Katholizismus seiner Heimat freilich sehr kritisch äußert – nicht mitgeformt von dieser Umwelt, wie es übrigens auch ein österreichischer Protestant, Jude oder Atheist notgedrungen in irgendeiner Weise ist?

Steiner hat zwar deutlich gemacht, dass bei ihm eine Prägung durch Jesuitismus und Antimodernismus nicht vorliegt, dass er sich rückblickend frei fühlt von Einflüssen jenes ungesunden Klerikalismus jener Zeit und Region. Das bedeutet aber in keiner Weise, auch in seinen eigenen Aussagen, dass es überhaupt keine Prägung gegeben hätte. Seine Beziehung zu einigen Ordenspriestern war eng, und einmal äußerte er, dass er, hätte sein Vater sich nicht auf das neu gegründete Realgymnasium in Wiener Neustadt geschickt, sondern auf das von Geistlichen geführte Humanistische Gymnasium, ohne Zweifel selber Ordenspriester geworden wäre[6].

Wer sich mit den hier aufgeworfenen Fragestellungen nicht anfreunden möchte, bedenke zumindest dies: In einem weiteren Sinn ist diese europäisch-mitteleuropäische Kultur, innerhalb derer Rudolf Steiner sein umfassendes Werk geschaffen hat, bis in ihre säkularisierten Bezirke hinein, ursprünglich und nachhaltig vom Christentum geprägt. Das betrifft selbstverständlich auch die Aufklärung, den Liberalismus, auch die humanistische Ethik, ja sogar den Marxismus und andere sich antichristlich artikulierende Anschauungen, mit denen sich Steiner intensiv auseinandersetzte: Max Stirners Individualismus, Friedrich Nietzsches „Gott-ist-tot"-Lehre, Ernst Haeckels darwinistischer, naturwissenschaftlich-evolutiver Monismus, auf die wir noch zu sprechen kommen. All dies ist auf dem Boden christlich-abendländischer Kultur gewachsen und ohne ihn nicht denkbar. Der französische Philosoph Jacques Derrida hat einmal mit zarter Ironie darauf hingewiesen, wie sehr gerade Nietzsches „Gott ist tot" ein durch und durch christlicher Topos ist.

Wenn ich hier dennoch die Frage der kultisch-christlichen Prägung in der Biographie Rudolf Steiners aufrufe, so deshalb, weil solchen Prägungen der Kindheit in der Regel eine große Bedeutung

6 Esoterische Betrachtungen karmischer Zusammenhänge Bd. VI., GA 240. S. 158 (Ausg.1961), 7. Vortrag, Arnheim 18.Juli 1924. „Denn in der Stadt, wo ich meine Jugend durchmachte, waren nur ein paar Schritte vom Gymnasium zur Realschule, und um ein Haar handelte es sich, dass ich nicht in die Realschule, sondern ins Gymnasium gekommen wäre. Wäre ich aber damals in jener Stadt in das Gymnasium gekommen, so wäre ich Zisterzienser-Ordenspriester geworden. Das ist ganz zweifellos. Denn es war dies ein Gymnasium, an dem nur Zisterzienser lehrten. Ich hatte gar einen tiefen Hang zu allen diesen Patres..."

zukommt. Ich möchte das aber dezidiert nicht so verstanden wissen, dass diese Kindheitserlebnisse jene Erfahrungen, die er dann als Esoteriker gemacht hat und dann geisteswissenschaftliche Forschung nennt, „verzerrt“, ihn selbst gleichsam hinterhältig und unterbewusst manipuliert hätten in einer Weise, über die er sich selbst keine Rechenschaft gegeben hätte. Diese Kindheitsprägungen können seine späteren Erkenntnisse in keiner Weise entwerten, im Gegenteil. Unter der fragenden Voraussetzung, die ich meinen Überlegungen zu Grunde lege – dass der kulturelle oder religiöse Boden immer mit zu bedenken ist – würde der Zugang zu den spirituellen Aspekten des Christentums so ja geradezu ermöglicht. Dann hätten diese Prägungen positiv auch Rudolf Steiner eine wichtige Grundlage bereitet, um später in die Sphäre, in der sich ihm das Christentum als „mystische Tatsache“ zeigte, erkennend einzudringen. In dem oft zitierten Satz aus *Mein Lebensgang* wird die biographische Bedeutung seines Zugangs zu dieser Dimension deutlich und sehr persönlich ausgesprochen: „Auf das geistige Gestanden-Haben vor dem Mysterium von Golgatha in innerster ernstester Erkenntnis-Feier kam es bei meiner Seelen-Entwickelung an“.[7]

Nullpunkt und Neuzugang

Dem kann man nun folgendes Argument entgegensetzen: Rudolf Steiner hat in seiner Freiheitsphilosophie und den anderen erkenntnistheoretischen Schriften eine völlige Ausklammerung aller vorangegangener Tradition vollzogen. Das geschah nicht bloß im Sinne einer methodischen Voraussetzungslosigkeit intellektueller Art, sondern als ein durchaus existentielles Abkoppeln – bis hin zu seinem Zusammengehen mit Stirners radikalem Individualismus, mit Nietzsches rückhaltloser „Umwertung aller Werte“, mit Haeckels

7 GA 28, S.366

rein mit Naturwirkungen rechnendem Monismus (die aber auch, wie gezeigt wurde, mit zum Gesamtkontext gehören und dem christlich-abendländischen Bewusstsein zugeschlagen werden können, wenn sie auch mit negativem Vorzeichen auftreten). Ist ein solches Abkoppeln in diesem existentiellen Sinn vollzogen, dann ist ein totaler Nullpunkt erreicht, der zunächst Determinationen vorausliegender Prägungen durch die Tradition auslöscht. In der Art indes, *wie* dieser Nullpunkt erlebt wird, bleibt er von dieser Tradition mitgeprägt. Und genau in diesem absoluten Anfang wäre dann das „Gestanden-Haben vor dem Mysterium von Golgatha" zu orten, von dem er sagt, auf dieses sei es bei seiner Seelen-Entwicklung angekommen.

Es ist selbst als Null und Anfang zu erfahren. Dem spirituellen Todeserlebnis im Hindurchgehen durch die Nacht des agnostischen, existentiell erfahrenen „Gott-ist-tot" steht das „Gott-ist-tot" des Gekreuzigten auf Golgatha als Entsprechung gegenüber, freilich so, dass in der Überwindung dieser Situation auch eine Qualität erlebt wird, die im christlichen Sprachgebrauch als Auferstehung bezeichnet wird. Daraus ergibt sich, dass ein Neuzugang zum Gehalt christlicher Tradition auf einer Ebene realisiert wäre, die nicht von Texten, Riten, Dogmen und Traditionen hergeleitet ist, sondern durch ein spirituelles Erlebnis, das sich im Durchgang durch den Totalverlust jedes Anhaltspunktes bei der tragenden Offenbarungstradition vollzieht, obwohl sie sich doch zugleich als Ganzes innerhalb des Gesamtkontextes dieser Tradition abspielt. Das wäre dann ein Kernbereich der Initiation Rudolf Steiners („kam es in meiner Seelen-Entwickelung an") während sich jenes Einheitserlebnis des neunzehnjährigen Rudolf Steiner, das er in dem von Felix Hau zitierten Brief geschildert hat[8] und das Hau als zentrales Initiationsereignis

8 „Es war die Nacht vom 10. auf den 11. Januar, in der ich keinen Augenblick schlief. Ich hatte mich bis ½ 1 Uhr mitternachts mit einzelnen philosophischen Problemen beschäftigt, und da warf ich mich endlich auf mein Lager; mein Bestreben war voriges Jahr, zu erforschen, ob es denn wahr wäre, was Schelling sagt: ‚Uns allen wohnt ein geheimes, wunderbares Vermögen bei, uns aus dem Wechsel der Zeit in unser innerstes, von allem, was von außen hinzukam, entkleidetes Selbst zurückzuziehen und da unter der Form der Unwandelbarkeit das Ewige in uns anzuschauen.' Ich glaubte nun und glaube nun noch, jenes innerste Vermögen ganz klar an mir entdeckt zu haben – geahnt habe ich es ja schon längst –;

annimmt, wie ich versuchen werde zu zeigen, in einem anderen Zusammenhang zu sehen ist. Als Befund, der sich auf eine einigermaßen informierte, werkimmanente Übersicht stützt, lässt sich Haus These, das hier *das* zentrale Einweihungsereignis im Werdegang Rudolf Steiners zu suchen sei, nicht zureichend begründen. Die Initiation Rudolf Steiners ist sicherlich ein komplexes Geschehen, das nicht ohne weiteres auf ein Einzelereignis zu reduzieren ist. Muss man in der Mehrzahl, also von Initiationen sprechen?

Die konkreten Umstände seiner inneren Wege entziehen sich weitgehend der historischen Forschung, weil von Steiner selbst kaum direkte Schilderungen vorliegen, und wenn, dann meist in einem überpersönlichen Stil. Insofern jenes Nachterlebnis zu einem der wenigen datierbaren, lokalisierbaren und subjektiv formulierten Dokumenten gehört, ist jener Brief ein Fundstück, das durch Felix Hau dankenswerter Weise wieder einmal der Vergessenheit entrissen worden ist. Sein Stellenwert, den ich anders bewerte als er, ist bedeutend genug, allein schon deshalb, weil er Brücken zu anderen spirituellen Traditionen schlägt. Die Tatsache einer spezifisch christlichen Initiation, unabhängig davon, welchen Stellenwert sie letztendlich für die Anthroposophie insgesamt und für Schüler Rudolf Steiners haben mag, kann nicht einfach ausgeblendet werden. Sie ist an Biographie und Werk nachvollziehbar und sie ist gedanklich rekonstruierbar. Zugleich sind Ansatzpunkte über das bloß Gedankliche hinaus gegeben, weil wir sie in den Grundgebärden auch keimhaft in anderen Bewusstseinsarten und Existenzen vorfinden,– *sofern sie eine Beziehung zum Kontext und Boden haben, auf der sie ihre Gültigkeit hat*: Und das ist der christlich-abendländische Kontext und Boden, in und auf dem sowohl die Grundmythen des Christentums als auch die generell gewordenen Nullpunkterlebnisse von Agnostizismus usw. eingeschrieben sind.

die ganze idealistische Philosophie steht nun in einer wesentlich modifizierten Gestalt vor mir; was ist eine schlaflose Nacht gegen solch einen Fund!" Rudolf Steiner, Briefe Band I, GA 38, S. 13

Kontinuitäten und Brüche in der Religionsgeschichte

Geht man von einem solchen Eingebettet-Sein in einen Kontext aus, befindet man sich logisch gesehen allerdings in einem großräumigen hermeneutischen Zirkel. Dieser Ausdruck bedeutet: Man erkennt nur das, was durch Vorkenntnisse intentional anvisiert werden kann. Wo bleibt dann die Objektivität? Entstehen bloße Projektionen? Die Faktizität des Erlebten und Erkannten scheint gefährdet, wenn sie auf Vorprägungen fußt, die ja auch falsche oder einseitige Voraussetzungen sein können. Nun kann man es aber auch anders sehen. Das habe ich bereits deutlich gemacht, möchte es aber noch einmal unterstreichen, jetzt mehr philosophisch. Der Hermeneutiker Hans-Georg Gadamer hebt die positive Bedeutung hervor, die der vorausliegende Kontext dem Verstehenden für dessen Verstehen mit auf den Weg gibt. Das erläutert er am Begriff des „Vorurteils". Er wird bei ihm nicht, wie in der Tradition der Aufklärung und auch noch bei Schleiermacher, negativ verstanden als Quelle des Missverstehens. Das „Vor-Urteil" ist bei Gadamer die durch Lebensgeschichte und Bildungsgeschichte vorstrukturierte Verstehensfähigkeit des jeweiligen Subjekts, die es nun versuchsweise auf das neu zu Verstehende „entwerfen" kann und meist korrigieren wird. In diesem Sinn ist das Vorurteil nicht Störung, sondern produktive Bedingung des Verstehens.

Rudolf Steiner bestätigt die Bedeutung dieses Prinzips selbst. Er beschreibt nämlich in dem Kapitel seiner Autobiographie, dessen Schlusssatz die Aussage über jenes „geistige Gestanden-Haben" ist, wie er auf dem Weg seiner rein auf Naturanschauung und Denken gewonnenen spirituellen Erkenntnisse in eine Prüfung gerät, weil er mit der Mächtigkeit einer realen geistigen Wirksamkeit konfrontiert wird, deren Prinzip es ist, Naturerkenntnis nicht als Geistanschauung zuzulassen, sondern nur als mechanistisch-materialistische Denkart. Genau diese Mächtigkeit treibt die lebendig erfahrene Geistanschauung, die Rudolf Steiner *mitbringt*, in jene spirituelle

Todessituation hinein. „Ich konnte", so schreibt er „in dieser Prüfungszeit nur weiter kommen, wenn ich mit meiner Geist-Anschauung die Entwicklung des Christentums mir vor die Seele rückte." Rudolf Steiner rettet also *eine bereits gewonnene* Geistanschauung vor innerer, tödlicher Vernichtung, indem er sich der Entwicklung des Christentums zuwendet. Wie sollte er das aber getan haben ohne ein Vorwissen über Christentum und ein positives Vor-Urteil, dass hier ein Lösungsweg gegeben sein dürfte?

Für die Betrachtung der Religionen insgesamt und der spirituellen Traditionen ergeben sich aus dieser Hermeneutik, welche die historisch-kritische Forschung mit einbezieht, gewichtige Konsequenzen. So zeigt sich, dass die großen Offenbarungen, die Zivilisationen und Hochreligionen hervorgebracht haben, selbst wiederum eingeschrieben sind in vorausliegenden Traditionen, von denen sie sich abheben, aber zugleich von ihnen her geprägt und zum Teil sogar legitimiert werden: Kontinuitäten und Brüche. Abraham und die Erzväter sind von den vorderasiatisch-semitischen Kulten geprägt, brechen mit ihnen und nehmen sie teilweise doch wiederum mit. Jesus steht ganz in der spätjüdischen Tradition, radikalisiert aber den Kern der Tradition so, dass jener Kern, der zu Tage tritt, zu dem Bruch führt, den Paulus vollzieht, um die Lehre – auch als Begegnung mit dem als gegenwärtig erlebten *Kyrios* („Herrn") – zu den nichtjüdischen Völkern zu bringen. Buddhas Wirken fußt auf Joga, Samkhya und anderen älteren indischen Doktrinen und Praktiken, bricht mit gewissen Aspekten, nimmt aber Wesentliches mit hinein. Wird der Bruch in der geistesgeschichtlichen Betrachtung überbetont, dann steht die neue Offenbarung der älteren schroff gegenüber, wird die Kontinuität betont, so verwischen sich die Unterschiede bis zur Unkenntlichkeit.

Wo liegen nun Kontinuität und Brüche bei Rudolf Steiner im Hinblick auf diesen spirituellen Zugang zum Christentum? Kontinuitäten haben wir bereits festgestellt. Wo aber liegt der Bruch? Ich werde noch zeigen, dass es einen anderen Kontinuitätsstrang, eine andere „Tradition" gibt, die nicht das Christentum als solches ist, in der dann selber ein epochaler Bruch stattfindet, wo etwas völlig Neues hervortritt.

Dabei ist es hilfreich, eine (methodische) Unterscheidung zwischen „Erleben" und „Erkennen" zu treffen. Dann würde daraus folgen, dass die am „Gestanden-Haben vor dem Mysterium von Golgatha" gemachte Erfahrung als *Erlebnis* und als Anschauungsform in der Kontinuität der christlichen Tradition steht, der „Bruch" sich hingegen in der Art der *Erkenntnis* zeigt: Nicht glauben sondern erkennen („in ernstester Erkenntnis-Feier"), nicht ergriffen-werden, wie es etwa im Christuserlebnis von Simone Weil stattfindet, sondern „stehen vor". Dies scheint mir in der christlichen Tradition bisher so nicht vorgelegen zu haben. Auch die traditionellen mystischen, theosophischen oder alchemistisch-naturphilosophischen Erfahrungswege des Christentums, wiewohl sie einen erkennenden Anteil haben, zeigen sich dann nur als Vorstufen dieser neuen Qualität. Damit ragt aber im Vorhinein der andere Strang, auf den ich gleich eingehen werde, in den Bereich dieses Erlebnisses hinein. Er ragt hinein von der „voraussetzungslosen" Wissenschaftlichkeit her, er nimmt sogar Atheismus, Agnostizismus mit.

Die moderne Wissenschaftskultur, die in der frühen Neuzeit anhebt, ist ja in der Tat *der* einschneidende Bruch mit der bis dahin theozentrischen, traditionellen Menschheitskultur, von wo aus ein vollständig neues, bisher nie da gewesenes Großparadigma anhebt, ein neuer Menschheitszyklus, eine neue Kulturepoche – man darf es nennen wie man will. Wissenschaftsbewusstsein der Neuzeit wird in den frühen Schriften Rudolf Steiners bis zu seinem innersten Punkt geführt, wo sie einen spirituellen Kern frei gibt. Damit aber macht sie Spiritualität unabhängig von der Bindung an Mythen, Symbole und theozentrische Diskursformen und geht in Prozessbewusstein über.

Transreligiöser Überschuss: Von der Philosophie zur spirituellen Empirie

Die Folge aber ist, dass ein Überschuss vernehmbar wird, der je schon über die mythischen Bilder, traditionellen Benennungen usw. hinausreicht, was zwar in den Gipfelerlebnissen einer Elite innerhalb der religiösen Traditionen immer schon erfahren worden ist, für die allgemeine, religiös geprägte Kultur aber verborgen blieb. Jetzt wird es auch für diese manifest. An der Schwelle dieses sich vor uns öffnenden Überschusses kommen wir in der Tat an eine „trans-christliche" Dimension heran. Wir sollten in aller Gelassenheit damit zurecht kommen, dass Rudolf Steiners Weg und Lehre in wichtigen Partien erneuerte christliche Esoterik ist und doch zugleich ein *völlig unabhängiges* Element in sich hat, das mit diesem Überschuss zu tun hat. Warum? Weil der Weg von Anfang an von einem wissenschaftlichen Ansatz durchzogen ist, dessen „Tradition" zwar im Abendland weitgehend durch das Christentum als religiöse Glaubensform transportiert wurde, (das in enger Symbiose mit ihr die eigene traditionelle Lehre ausbildet), aber doch einen in sich autonomen Strang bildet: die Philosophie,[9] die aus dem Griechentum stammt.. Durch das universalistische Element der Philosophie konnte jedenfalls bereits im Mittelalter der Kirchenlehrer Thomas von Aquino (aber auch der Jude Maimonides oder der Moslem Avicenna vor ihm) eine Differenzierung zwischen den allgemeingültigen, offenbarungsunabhängigen Wahrheiten und den offenbarten Glaubenswahrheiten vornehmen. Im Medium dieses hellenistisch-philosophischen Paradigmas konnten die großen Glaubensdispute zwischen Christen, Juden und

9 In ihrem Licht wird die Universalität des Christentums selbst mit erfasst: „... denn die Sache, welche jetzt christliche Religion genannt wird, war auch bei den Alten und mangelte von Anbeginn des Menschengeschlechtes mit nichten, bis Christus im Fleische erschien; von da ab begann die wahre Religion, die eh und je gewesen, die christliche zu heißen." (Augustinus, Retractationes, I, 12). Nur ist an Augustinus – und mit ihm an das Kirchenchristentum – die Rückfrage zu stellen, ob durch diese Universalität gleichzeitig die sich fortbildenden vorchristlichen Religionen obsolet werden, oder ob sie ihre ureigene Universalität weiterhin welthistorisch zu bewähren haben. Erst recht gilt dies für jene Religion, die als Islam später auftritt, und die ebenso anspruchsvoll ihren eigenen Universalitätsanspruch von der Menschheits-Urreligion (fitra) herleitet.

Moslems stattfinden, aber auch gegenseitige Befruchtung. Noch die meisten katholischen Philosophen des 20. Jahrhunderts kommen in der Debatte, ob es eine „christliche" Philosophie geben kann, zu dem Fazit, dass dies nicht der Fall ist. Entsprechend kann übrigens auch von einer jüdischen Philosophie nicht gesprochen werden. Emanuel Lévinas etwa hat sich stets geweigert, einen solchen Terminus auf seine philosophischen Schriften anzuwenden und hielt sie methodisch und editorisch getrennt von seinen Talmud-Kommentaren.

Aus dem Boden der philosophischen Tradition und seinem Logos ist auch die moderne Wissenschaftskultur hervorgebrochen. Die eigentliche, tiefere historische und spirituelle Herleitung der Anthroposophie, die Rudolf Steiner aus verschiedenen Gesichtspunkten wiederholt versucht hat, ihre eigentliche „Traditionslinie" läuft nicht über Religion, sondern über Philosophie und Wissenschaft. Hier tut sich ein Feld auf, in dem die Frage nach Rudolf Steiners Initiation noch eine andere Seite zeigt. Wir haben gesehen, dass Steiner seine fundamentale Geistanschauung nicht über Mystik im traditionellen Sinne, die immer an Religion gebunden war, sondern im Aufgreifen und Vertiefen der neuzeitlichen Naturanschauung und der damit verbundenen Fragen der Erkenntnis bildet. Er steht in der Tradition der Philosophie und knüpft dabei an den deutschen Idealismus und an Goethe an, in deren Kontinuität er steht. Er bezieht darüber hinaus in fortlaufenden Aufarbeitungen und Rückbezügen die gesamte philosophische Tradition des Abendlandes ein.

Steiner geht aber auch darüber hinaus. Er erhebt den Anspruch, die Denkgebärden der Philosophie in spirituelle Empirie überzuführen: eine Empirie, die sich als spiritueller Aktualismus realisiert, in dem sich der Quell des Denkprozesses vergegenwärtigt. Denken *als* Denken – nicht als Gedachtes – wird in selbstevidenter Methodik am Ort reiner Denkpotentialität *aktualisiert.* Denken im herkömmlichen Sinn wird zu etwas Neuem. Es wandelt sich zum Wahrnehmungsorgan für Geist. Das Nachterlebnis, das in dem von Hau zitierten Brief geschildert wird, in dem der neunzehnjährige Steiner sich ja bezeichnenderweise auf Schelling bezieht, steht zweifellos in Zusammenhang mit diesem Initiationsstrang. Dieses eine Ereignis reicht freilich nicht aus, um den Gesamtumfang dieses Prozesses zu lokalisieren. Dessen Etappen sind offenbar über einen weiten Zeitraum verteilt, an denen sich noch andere Facetten zeigen. Einschlägige Hinweise sind in der Autobiographie an verschiedenen Stationen zu finden. Sicher aber ist: die Frühschriften Rudolf Steiners sind auf eine Bewusstseinserfahrung hin angelegt, die sich in radikaler Immanenz zu einer nicht-dualen Erkenntnis öffnet. Als selbsttragender und sich selbst transparenter Prozess wird dieser im reinen Bewusstsein realisiert – ohne Rückbezug auf vorgegebene theologische, esoterische oder sonstige Formen, seien sie noch so erhaben oder spirituell akkreditiert. Jeder reflexive Rückbezug auf solche Formen stört nicht an der Peripherie, sondern unterbricht die Erfahrung in deren Zentrum selbst. Wissenschaft und Spiritualität werden hier in eins erfahren. Deshalb hat Rudolf Steiner ausdrücklich davor gewarnt, im übenden Umgang mit seiner *Philosophie der Freiheit*, wie er wörtlich sagte, auf seine okkulten Forschungsergebnisse „hinzuschielen".

Hier haben wir die eigentliche Crux der Anthroposophie, ihre innere Leidensgeschichte, denn wer diesen archimedischen Punkt umgeht, wird kaum anders können, als in dann doch mehr oder minder mittelalterlicher Manier den Korpus der späteren Mitteilungen Steiners auf dem Vor-Urteil, jetzt aber nicht positiv gemeint, der theologischen Tradition verarbeiten. Das eigentlich positive Vor-Urteil, von dem her der Zugang der Anthroposophie als solcher gesucht werde sollte, ist die aus dem an Natur- und Bewusstseinsphänomenologie gewonnene spirituelle Evidenz. Nur, dass dieses „Vor-Urteil" in der Praxis bloß „Vorspann" ist: Indikator, innere Handlungsanweisung. Die eigentliche Erfahrung, die Wende zur Denk-Empirie, muss konkret und real vollzogen werden, und immer wieder neu, in wiederholtem, meditativem Innewerden. Sobald man den Ort der inneren Evidenzen betreten hat, hört jedes „Vor" auf: es herrscht reine Gegenwärtigkeit. Der hermeneutische Zirkel ist durchbrochen. Zugleich ist ein Überschuss zu erfahren, der von keiner vorgeformten Bildhaftigkeit, keiner fertigen Begrifflichkeit und keiner äußeren Vermittlung induziert ist. Und weil Goethe der unumgängliche Pate dieses von Rudolf Steiner ins Offene gebrachte Kernbereichs ist – Steiner nennt ihn einmal seinen „Hermes" –, wird man sich diesbezüglich dem goetheschen Statement in innerer Folgerichtigkeit zwanglos anschließen, wo der über sich selbst sagt, dass er sich „wohl keinen Widerchristen oder Unchristen, aber einen entschiedenen *Nichtchristen*" nennen muss.[10]

Dass der spätere Rudolf Steiner Aspekte seiner Erkenntnislehre dann auch im spirituellen Christentum auffindet – so spricht er etwa von seiner „paulinischen Erkenntnistheorie" – tut dem keinen Abbruch. Hingewiesen wird mit diesem Ausdruck auf die bewusstseinsimmanente Überwindung eines Risses, der die „Totalexistenz" des Menschen im All in zwei Teile spaltet (Wahrnehmung und Begriff, „Innen" und „Außen" usw.), um ursprüngliche Nicht-Dualität auf neuer Stufe offen zu legen. Dann kann man auch – das sind Erfahrungen, die gemacht werden – über diesen Weg einen Zugang zu nicht-dualen Grunderfahrungen des Taoismus, des Buddhismus, des Vedanta, des Judentums oder des Islams finden.

Hier ist der eine Pol, auf dem der spirituelle Kern der Anthroposophie ruht, der von Religion und von den Religionen als Voraussetzungen streng zu trennen ist – obwohl sich von da aus neue Zugänge zu ihnen öffnen, ja sogar ihr eigener spiritueller Kernbereich zugänglich werden kann. Hier gründet ihre Wissenschaftlichkeit. Von hier aus kann eine Erkenntnistheorie und Erkenntnispraxis der höheren Bewusstseinsarten entwickelt werden, die mit einem völlig religionsneutralen Schulungsweg verschränkt ist. Und bereits hier wird ein

10 Goethe bezieht sich in diesem Zusammenhang auf Spinoza, den frühen Vorläufer einer auf Wissenschaftsbewusstsein bauenden, religionsunabhängigen monistischen Spiritualität im Morgenrot der europäischen Neuzeit. Und Goethe – in provokanter Paradoxie - ruft aus, dass er gerade diesen Spinoza, der Vielen als Atheist galt, *„theissimum*, ja *christianissimum* nennen und preisen" möchte! Hic Rhodus, hic salta! (Zitiert nach Rudolf Steiner, Goethe-Studien, in GA 30, Methodische Grundlagen der Anthroposophie. Gesammelte Aufsätze 1884-1901)

spiritueller „Überschuss“ evident, insofern das Eintreten in nicht-duale Erkenntnis auch als Entgrenzungs-Erfahrung erlebt wird.

Die Gefahr des christlichen Inklusivismus

Wie aber steht es dann mit jenem Aspekt des Steiner'schen Gesamtwerks, das sich in spezifisch christlichen Themen und Terminologien bewegt? Dominiert hier nicht den expliziten oder impliziten Diskurs unter Anthroposophen ein allzu sehr konfessionell anmutender Sinn? Ich erörtere hier nicht weiter die Tatsache, dass in den geschriebenen Büchern ausdrückliche traditionell-christliche Namensnennungen zwar nicht fehlen, aber insgesamt sehr zurückhaltend gehandhabt werden, auch nicht die Tatsache, dass die Abhaltung der Evangelien-Vorträge durch Rudolf Steiner auf Anfrage hin, (aus den expliziten Bedürfnissen der Mitglieder von ihrem christlichen Kontext und Boden her) erfolgt ist. Durchaus bewusst ist mir, welche zentrale Stelle in der spirituellen Evolutionslehre Rudolf Steiners dasjenige einnimmt, was er mit dem Begriff „Christus“ verbindet. Rudolf Steiner hat sehr prägnant betont, dass gerade diese Dimension als allgemeinmenschlich und überkonfessionell, zu erfassen sei. Der eigentliche Kern nicht-christlicher Traditionen, die ohne diesen Begriff auskommen, ist nun aber zweifellos ebenfalls auf ein Allgemeinmenschliches hingeordnet. Wenig hilfreich ist es angesichts dieser Paradoxie, an Sprachformen zu kleben. Spirituelles wird im Übrigen immer schon im Ansatz des Formulierens tendenziell abgebogen, wenn nicht sogar verfälscht.[11] Im Geist eines Allgemeinmenschlichen zu denken, zu sprechen, zu handeln hieße, mit diesen Ambivalenzen sehr bewusst umzugehen.

11 „Warum kann der lebendige Geist dem Geist nicht erscheinen!/ *Spricht* die Seele, so spricht ach! Die *Seele* nicht mehr." (Friedrich Schiller). In diesen Zusammenhang gehört auch Mt. 7, 21-23: „Nicht jeder, der zu mir sagt: 'Herr, Herr,' wird in das Himmelreich eingehen, sondern wer den Willen meines himmlischen Vaters tut. Viele werden an jenem Tage zu mir sagen: 'Herr, Herr,' ... Dann werde ich zu ihnen sagen: Ich habe euch nie gekannt."

Damit kehre ich zurück zur eingangs gestellten Frage, ob das Haus der Anthroposophie jedem Menschen unter *voller* Wahrung seiner religiösen und weltanschaulichen Überzeugung und Praxis jedweder Art offen steht – Moslems, Juden, Buddhisten und allen anderen, also auch praktizierenden Katholiken oder Kopten (für deren Kirchenoberen gerade die esoterischen Christusdarstellungen Steiners und der Anspruch auf esoterische Erkenntnis in diesem Bereich ein Stein des Anstoßes sein dürften). Und ob dieses Offenstehen bloß vorläufige Gastfreundschaft ist, wo man als aufgeschlossener Zuhörer willkommen geheißen wird, oder aber als Mitbewohner, dessen Teilhabe an der Pflege und dem Ausbau dieses Hauses wesentlich dazugehört. Ich fokussiere die Fragestellung auf die nicht-christlichen Religionen, weil sie sich hier anders und radikaler stellt als in Hinblick auf konfessionelles Christentum. Mein Augenmerk richtet sich deshalb auf das geisteswissenschaftliche Sprechen von Christus und auf das Problem des Inklusivismus.

Was ist mit Inklusivismus gemeint? Der religiöse Inklusivismus erkennt an, dass auch andere Religionen Heilsbedeutsamkeit besitzen können, dass aber diese Heilsbedeutsamkeit erst in der eigenen Religion zu ihrer vollen Entfaltung und Bedeutung gelangt. Die eigene Religion ist dann allen anderen überlegen. Der Inklusivismus stellt eine Gegenposition zum Exklusivismus dar, der die eigene Religion als einzige sieht, die im Besitz der Wahrheit ist. Inklusivismus steht zugleich im Gegensatz zum Pluralismus, der alle, oder zumindest einige andere Religionen als gleichwertig ansieht. Die Frage lautet demgemäß: widerspricht das Sprechen von Christus auch im Sinne Rudolf Steiners dem expliziten Pluralismus, wie er in den Statuten der Allgemeinen Anthroposophischen Gesellschaft prinzipiell festgehalten ist? Eindeutig ist immerhin, dass dieses Sprechen nicht exklusivistisch ist. Kommt nun aber doch in der Praxis ein inklusivistischer Zug zum Tragen, der andere Traditionen doch letztendlich vereinnahmt oder nicht? Also noch einmal: wiederholt sich wiederum, ganz im Stil des klassischen christlichen Inklusivismus, die

Haltung: Wir erkennen an, dass in allen Religionen und Traditionen ein Stück Wahrheit steckt, diese aber mündet letztendlich in dem, was sich um den Namen „Christus" rankt. Menschen, die in diesen Religionen zu Hause sind, sind herzlich willkommen. Sie werden aber irgendwann einmal eine Entscheidung zu treffen haben, sonst können sie nicht an der Fülle der Wahrheit teilhaben. Man kann, wenn man bis zu Ende denkt, dieser Fragestellung nicht ausweichen. Ist es in letzter Instanz „Christus", auf den alles zuläuft?

Aber was hieße das überhaupt? Man bedenke vorsorglich bei dieser Frage, wie vieldeutig der Ausdruck bei Rudolf Steiner bleibt, der eine mehrdimensionale Theophanie mit komplexen Durchdringungen hierarchischer Wesen darstellt. Und man bedenke zusätzlich, wie selbst Paulus einmal eine einzigartige „trans-christliche" Perspektive skizziert, wenn er sagt, dass zuletzt auch der „Sohn", also Christus, zurücktritt, und dass Gott „Alles in Allen" sein wird (1.Kor.15, 28). Wir können diesen sehr wichtigen Fragen hier nicht weiter nachgehen.

Nun ist es *immer und unter allen Umständen* so, dass keine Tradition Inklusivität seitens einer anderen verträgt. Will sie sich selbst ernst nehmen, so schlägt ihr jeder Inklusivismus unverdaulich auf den Magen. Von der eigenen Position aus gesehen ist jeder von außen an sie herangetragene Inklusivismus eine Vereinnahmung, sogar letztlich ein sanfter Exklusivismus, der die Aufhebung des Eigenen bloß auf später vertagt, wo schließlich die Auslöschung, zumindest das Aufgehen der eigenen Tradition in der anderen eintritt. Gerade klassische christliche Inklusivität will ja, dass sich alle anderen Spiritualitäten und Religionen perspektivisch innerhalb des heilsgeschichtlichen Rahmens des Christentums, sogar der Kirche, einfinden, oder sich auf diesen Rahmen hin zuordnen lassen. Die katholische Kirche hat bis in die jüngsten vatikanischen Verlautbarungen hinein und trotz Verzichts etwa auf die Judenmission,[12] nie davon

12 Maßgeblich für diesen Verzicht war ein Gespräch des jüdischen Religionsphilosophen Abraham Joshua Heschel, der als Berater am 2.Vatikanischen Konzil teilgenommen hat, mit Papst Paul VI. Inzwischen wurde ein Rückwärtsgang eingeschaltet. In der jüngst von Benedikt XVI. wieder zugelassenen tridentinischen Messe wird – anders als in der reformierten landessprachlichen Liturgie – im Karfrei-

abgelassen, in dieser Weise zu wirken. Wie aber steht es mit Aussagen Rudolf Steiners, die natürlich nicht im kirchlich-institutionellen Sinn inklusivistisch sind, aber doch irgendwie inklusivistisch *klingen*: „Das Christentum hat begonnen als Religion, ist aber größer als jede Religion"? Rudolf Steiner meint damit zwar Religion als solche, nicht die anderen Religionen im einzelnen, zielt auf Lebensbereiche aller Art, die bisher als profan galten, und die mit jenem Geist, der hier christlich genannt wird, durchdrungen werden können – bis hin zum Labortisch. Nun aber erst recht: Wird man so nicht auf Umwegen der Redeweise sanft auf etwas eingeschworen – Spiritualisierung der Lebensbereiche – was man als Buddhist, Jude oder Moslem so gar nicht nennen würde? Oder diese Äußerung Steiners: „Im 20. Jahrhundert sind alle Religionen im Rosenkreuzermysterium vereinigt." Die Rosenkreuzer sind christliche Esoteriker. Warum, bei aller Begeisterung für eine solche Vereinigung der Religionen, *dort* und nicht anderswo? Oder möglicherweise dann doch auch anderswo, aber unter anderen Namen und Symbolformen?[13]

Inklusivismus in anderen Religionen

Nun muss freilich bedacht werden, dass sich ähnliche Probleme nicht nur im Christentum, sondern auch in anderen Traditionen zeigen. Sie alle haben das Letzte und Höchste, das sie im Blick haben, in ihrer jeweiligen Sprache und Bildhaftigkeit so ausgedrückt, dass die eigene Lehre, die eigene Gemeinschaft und die eigene Mission als das Universelle gelten. Dadurch klingen ihre Formulierungen

tagsgottesdienst wieder darum gebetet, dass die Juden Jesus Christus anerkennen mögen.

13 Nicht umsonst heißt es in den Rosenkreuzerschriften, dass die Ordensbrüder sich im Tempel des „Heiligen Geistes" versammeln, ein gewichtiger Ausdruck. Denn dieser Geist verweist – nicht nur im Christentum, sondern auch im Judentum (aus dem der Ausdruck stammt) und im Islam (der ihn ebenfalls kennt) – auf etwas, was sich dem Einzelnen mitteilt, und das zugleich alle Barrieren zwischen Mensch und Mensch, zwischen unterschiedlichen Menschengruppen überwindet. „Der Prophet Elijah hat seinen Schülern gelehrt: Ich rufe den Himmel und die Erde als Zeugen, dass sich der Heilige Geist jeder Individualität, wer immer sie auch sei – Mann oder Frau, Jude oder Angehöriger der Völker, Freier oder Sklave – mitteilen kann." schreibt der jüdische Mystiker Chaim Vital (16.Jahrhundert).

ebenfalls oft inklusivistisch und manche Gruppen innerhalb der verschiedenen Religionen verhalten sich praktisch danach, sofern sie sich nicht überhaupt eng exklusivistisch gebärden.

Inklusivismus ist keine Spezialität des Christentums, auch nicht der monotheistischen Traditionen. Der Hinduismus etwa entwickelte sehr früh eine eigene, höchst effiziente Variante: Man anerkennt die wichtigen Begriffe der anderen Religionen, vielleicht sogar ihren wichtigsten Begriff. Aber man ordnet dies gleichzeitig der eigenen Weltanschauung unter. Buddha und Jesus werden ins Pantheon der großen Avatare (göttliche Einkörperungen) aufgenommen. Das bekundet eine außergewöhnliche geistige Geschmeidigkeit und Flexibilität, die als Toleranz missverstanden werden kann.

Weniger geschmeidig sind in der Tat die so genannten abrahamitischen Traditionen, die man monotheistisch zu nennen pflegt. Sie neigen auch leichter zu krassem Exklusivismus. Deshalb hat sich hier bisher das Phänomen der mehrfachen religiösen Zugehörigkeit („multiple belonging“) nicht entwickeln können, wie es etwa in Japan gängig ist, wo ein und dieselbe Person in der sozialen Lebenspraxis Konfuzianist, in der Ahnenverehrung Shintoist und in der Kunst des rechten Sterbens Buddhist sein kann. Wenn sich etwa in der prophetischen Sprache des Jesaja in der Endzeit alle Völker um Israel herum auf dem Berg Zion versammeln, dann entsteht in einer oberflächlichen Sicht das Bild eines ultimen Herrschaftsanspruchs der Juden über alle anderen. Eine spirituelle Innenansicht fördert hier aber etwas ganz anderes zu Tage: die symbolisch-imaginative Darstellung einer Kernaufgabe, die das Judentum in Hinblick auf die „Endzeit“ zu bewahren und fortzuentwickeln hat. Wenn im schiitischen Islam die Wiederkehr des verborgenen zwölften Imam erwartet wird, der den Islam zum endgültigen Sieg führen wird, so kann dies, wörtlich interpretiert, zu einem hegemonialen Islamismus führen. Spirituell-pluralistisch gesehen wird sich der Blick auf das Element von Universalität weiten, das im Islam anwesend ist und dessen Qualität für die Menschheit mit einzubringen ist.

Natürlich können Bilder von Zion, vom wiederkehrenden Imam oder vom triumphierenden Christus zu defizienten Mythen degradiert und zu fanatischen Fundamentalismen missbraucht werden – unversöhnlicher Exklusivismus entsteht. Und so geschieht es auch, bis zum heutigen Tag. Weil diese Bilder imaginative Formen sind, können sie indes transformiert werden, können über Bild und Mythos hinaus in den „Überschuss“ eingebracht werden, auf den es letztlich ankommt. Gerade hier liegen Möglichkeiten eines produktiven Beitrags der Anthroposophie zum Religionsgespräch, weil sie eine fundierte, experimentell und gedanklich geführte Methodik hat, mit Imaginationen, also spirituellen Bildgestaltungen, umzugehen.

Heiligkeit und Relativität der Symbole

Etwas Wesentliches darf die Anthroposophie freilich dabei nicht aus dem Auge verlieren: auch die eigenen zum Teil (aber nicht nur) aus dem Christentum übernommenen Symbole und Ausdrucksformen in diese Methodik einzubeziehen. Symbole sind keine toten Allegorien, sondern lebendige Potenzen. Sie haben innerhalb der Traditionen, in denen sie formuliert werden, Absolutheitsanspruch. In diesem Bezugszusammenhang sind sie nie relativ, sondern geheiligte Ausdrucksformen, die für Höchstes und Letztes – auf den „Überschuss“ *hin* – durchlässig sind. Von diesem Überschuss *her* gesehen sind sie dennoch relativ. Das ist in der Esoterik aller Traditionen, in den „vertikalen“ Gipfelerfahrungen Einzelner, überall erkannt worden. Heute kommt dies „horizontal“ zum Vorschein in der Begegnung der Religionen untereinander. Da wird von immer mehr Menschen wahrgenommen, dass bei Andersgläubigen etwas von dem Überschuss mit anwesend ist. Man erlebt, dass im Anderen ein Höchstes und Letztes angestrebt wird und erkennt dies prinzipiell an. Die Aussagekraft eines Symbols in dem einen Traditionszusammenhang hat aber in dem anderen eine solche Aussagekraft nie. Die Problematik der Religionsbegegnung besteht nun in Folgendem: Beziehe ich die Symbolik einer anderen Tradition auf die eigene, jetzt unreflektierte Symbolik, um sie von meiner her zu interpretieren, so versuche ich zwar, der fremden Form eine mir zugängliche Aussagekraft zu verleihen. Ich oktroyiere ihr aber etwas Fremdes auf, und es ist dabei so gut wie unvermeidlich, dass ich durch die sakrale Wertsetzung, mit der ich die Symbole und Begriffe meiner eigenen Tradition unwillkürlich belege, die andere entwerte. Weil mir das Eigene als Grundmythos unhinterfragt wahr und heilig ist, weil ich von ihm her lebe, bin ich beim Vergleichen bereits in ein naiv-realistisches Fahrwasser abgedriftet und werde, ob ich es will oder nicht, in die inklusivistische Falle getrieben, die ich vielleicht sogar vermeiden wollte. Der eigentliche Zugang zum wahren Gehalt der anderen Symbolik – wahr und heilig in ihrem *eigenen* Zusammenhang – bleibt mir so verwehrt. Der Dialog mit denen, die in diesem Zusammenhang leben, wird fundamental gestört. Und auch der geistgemäße und zeitgemäße Zugang zur eigenen Symbolik ist gestört, weil Bild und Begriff vom Überschuss abgekoppelt, ihre ureigene Farbe und Transparenz im Vorgang des Vergleichens zu verlieren droht.

Noch schwieriger ist es freilich, wenn ich die eigene genuine Symbolik aus Gründen der Legitimation oder auch bloß zur Erläuterung von der fremden her interpretiere. Ich halte es deshalb für nicht glücklich, wenn etwa Moslems oder Juden, die zugleich Anthroposophen sind, den „kosmischen Christus“ innerhalb ihrer jeweiligen esoterischen Traditionen zu identifizieren versuchen. So verständlich dies auch ist – sie wollen ja die Größe und Tiefe der eigenen Tradition anderen Anthroposophen in der ihnen zugänglichen Sprache näher bringen – zukunftsträchtig scheint es mir nicht zu sein. Nicht ihre Intuitionen stelle ich damit in Frage, und auch nicht die Nähe gewisser essentieller Motive im Islam oder der Kabbala zu dem, was in Rudolf Steiners esoterischem Sprachgebrauch mit „Christus“ angedeutet wird, sondern die Art des Diskurses und die Methodik.

Trotz der besten Absichten: schon im inner-anthroposophischen Gespräch, wo das vielleicht noch ginge, entstehen so fast unvermeidliche Missverständnisse, erst recht außerhalb dieses Kreises. Würden sie ihren nicht-anthroposophischen Glaubensgenossen solche Vergleiche zumuten? Wohl kaum.

Hier meldet sich die Frage nach authentischem Pluralismus wieder zurück. Pluralismus ja oder nein? Kann es einen solchen Pluralismus überhaupt geben, ohne dabei in verwaschene spirituelle Gemeinplätze, in ein beliebiges „anything goes", in bloßen Relativismus zu verfallen? Es dürfte klar sein, dass mit Pluralität unbedingt ernst zu machen ist, wenn nicht der anfangs ins Feld geführte Passus in den Statuten der Anthroposophischen Gesellschaft, der diese Pluralität ausdrücklich fordert, zur Farce verkommen soll. Es geht dabei nicht um Fragen der formalen Mitgliedschaft in einer vereinsmäßigen Institution, sondern nach Daheimseinkönnen im Haus der Anthroposophie, also um spirituelle Realität, um etwas, was weit über die real existierende Gesellschaft hinausgeht. Wir fragen nicht nach formal-theoretischen Prinzipien, sondern nach Erkenntnispraxis. Wir fragen nach einer Pluralität, die bis ins Höchste und Letzte zu bewahren und zu bewähren ist: nach einem Pluralismus, der denn auch nur experimentell, als Erfahrungsweg zu realisieren ist.

Dazu wähle ich drei Ansatzpunkte: Erkennen, Erleben und Tun. *Erkennen*: Erweiterung der Methodik und Ausschau nach produktiven Instrumenten für einen nicht-inklusivistischen Diskurs. *Erleben*: der existentielle, im individuellen Leben und in den individuellen Lebensentwürfen vollzogene Weg. *Tun*: der Gewinn, der durch das gewollte Einbringen einer solchen Pluralität für die Wahrheit und Weiterentwicklung des Hauses der Anthroposophie und zugleich für die freie Spiritualität der Gegenwart und Zukunft insgesamt entsteht.

Einübung in nicht-inklusivistisches Denken

Erweiterung der Methodik und produktive Instrumente für einen nicht-inklusivistischen Diskurs – wie kann das angegangen werden? Ein festgelegtes, abstraktes Begriffsvokabular kommt nicht in Frage, weder als Überbau noch als kommunikativer Kitt zwischen den unterschiedlichen Ausdrucksformen. Soll man zwischen Traditionen, die auf einander verständnisvoll zugehen wollen, und die man innerlich adäquat aufeinander beziehen will, ein spirituelles Esperanto erfinden? Das wäre ein Unding. Es käme höchstens ein monströses Kauderwelsch zustande. Ganz offensichtlich kann die „Verdolmetschung" von einer Symbolsprache in die andere nur durch Wahrung der Pluralität der Ausdrucksformen geleistet werden. Dazu gibt es Wege. Ich verweise auf die Vorschläge des indisch-katalanischen Religionsphilosophen Raimon Panikkar für den interreligiösen Dialog, die ich kurz an drei Leitbegriffen verdeutliche:

1. „Diatopische Hermeneutik". Dieser Ausdruck steht für eine Haltung, die bei thematischen Auseinandersetzungen einzunehmen wäre. Diese Haltung einnehmen heißt, nicht vorauszusetzen, dass der Andere das gleiche grundlegende Selbstverständnis hat wie ich. Dabei muss ich mich dem letzten menschlichen Horizont („Überschuss") öffnen, nicht bloß die unterschiedlichen Kontexte im Blick haben.

2. „Dialogischer Dialog". Der Dia-Logos („durch den Logos hindurch") durchbricht den diskursiven Logos der Begriffssprachen. Das Zwiegespräch öffnet sich für einen gemeinsamen Bereich, der in eine trans-logische Sphäre führt, die zugleich eine Sphäre des Herzens ist. Ich lasse es dabei zu, dass sich in diesem Prozess neue Einsichten einstellen, vielleicht sogar neu geschöpfte Ausdrucksformen – spirituell inspirierte, künstlerische Worte und Bilder, kein künstliches „Esperanto"! –, in denen wir kommunizieren können.

3. „Homöomorphe Äquivalenzen". Die verschiedenen Symbolsprachen und ihre einzelnen Formen sind nicht eins zu eins analog.

Sie sind meist teilweise gleich, teilweise verschieden. Da es kein objektives Vergleichskriterium gibt, greift das Analogisieren nicht. Ich versuche vielmehr homöomorphe Äquivalenzen – gleichgestaltige Entsprechungen – *funktional* zu entziffern. Brahma *ist* nicht der Vatergott des Hinduismus, er hat aber, unter gewissen Gesichtswinkel, eine dem christlichen Vatergott vergleichbare Funktion. Sie sind nicht einfach austauschbar, und müssen in dynamischer Beweglichkeit gehalten werden (Panikkar benutzt, um das zu verdeutlichen, den mathematischen Vergleich mit topologischen Transformationen von Raumkörpern in der Geometrie, wo eine Figur in die andere übergeführt wird).

Lassen sich diese Leitlinien nun in der Anthroposophie anwenden, sobald sie sich mit anderen Traditionen auseinandersetzt (darüber hinaus auch: wenn sich andere Traditionen mit ihr auseinandersetzen)? Anthroposophie selbst hat ja – ganz abgesehen sogar von den aus dem Christentum übernommenen Bezeichnungen – ein spezifisches Vokabular, einen eigenen Diskurs ausgebildet und ist dadurch selbst distinkt, unterschieden von anderen Lehren. Muss man ihren gängigen Sprachgebrauch aufgeben? Das ist nicht der Fall. Man findet im anthroposophischen Begriffsvokabular effiziente Stützen, allerdings unter der Bedingung, dass man sie nicht zu Fetischen macht oder zu sozial verbindlichen Diskursformen fixiert. Wenn sie je und je vom zentralen „Ort“ selbsttragender, sich selbst transparenter Evidenz her in die Denkbarkeit geholt werden, stellen sie ihre Leistungen frei zur Verfügung. Jener „Ort“ meint keinen statischen Punkt, sondern öffnet einen Raum unterschiedlicher Perspektiven. Und „Denkbarkeit“ meint volles Hereinnehmen *jeder* Thematik ins freie Gedankenentwerfen. Dadurch öffnen sich plurale Perspektiven im entgrenzten Feld des „Überschusses“, der gleichwohl seine nicht-duale Qualität behält.

In gesteigerter Weise kann es zu Entgrenzungs-Erfahrungen kommen. Das Schreiben und Sprechen Rudolf Steiners ist nie auf eine einzige Perspektive festzulegen. Alle Topoi, alle Bezeichnungen

– in der Anthropologie, der Geschichtsbetrachtung, der Kosmologie – sind so gesetzt, das die Gesichtspunkte dauernd wechseln. Ja, sogar das Vokabular wechselt.

Phänomenologie der Religionen

Von diesem Ort aus und in dieser Denkbarkeit ist demnach die Begegnung mit allem möglich, was aus den Traditionen an die Anthroposophie herantritt. Deswegen gibt es auch nichts, was nicht auf diese Weise aus anderen Traditionen „aufgenommen" werden kann. Man könnte hier, in Entlehnung einer Methodik, die Goethe für die Naturbetrachtung skizziert hat, von „wiederholten Spiegelungen"[14] sprechen. Ein Phänomen spiegelt sich an dem anderen, das andere an dem einen. Man kann die Versuchsanreihungen auch in komplexen Konstellationen aufstellen, und so zu Mehrfachspiegelungen kommen. Es muss nur konkret, am jeweiligen Phänomen geschehen, nicht durch Subsummieren unter abstrakte Begriffe.

In unserer Fragestellung zu den Religionen heißt das, dass der Versuch unternommen wird, an die Traditionen als Phänomene so heranzukommen, so dass sie sich selbst aussprechen können. Ein Gedanke der französischen Philosophin Simone Weil kann methodisch hilfreich sein. Sie notiert einmal in ihr Tagebuch: *„Jede Religion ist die einzig wahre, denn in dem Augenblick, wo man sie denkt, muss man ihr soviel Aufmerksamkeit entgegenbringen, als ob es nichts anderes gäbe; ebenso ist jede Landschaft, jedes Gemälde, jedes Gedicht usw. das einzig Schöne. Die ‚Synthese' der Religionen verlangt einen minderen Grad an Aufmerksamkeit."* Ich halte dabei die Terminologie der Anthroposophie nicht außen vor, aber möglichst zurück. Ihre operativen Leistungen setze ich mit Umsicht ein, sobald sich das aus der Sache heraus rechtfertigt. Ich vermeide strikt jede nominalisti-

14 In einem Brief an Iken. Goethes sämtliche Werke, Jubiläumsausgabe, Stuttgart 1902, Band 25, S.222-23.

sche Etikettierung. Dabei muss ich freilich Anthroposophie selber, insofern sie eigene Formen bietet, als Phänomen in diese wiederholten Spiegelungen einbeziehen.

Hier spielt herein, dass die verschiedenen Religionen innerhalb der Schriften Rudolf Steiners bereits Thematisierungen erfahren haben. Das kompliziert die reine Phänomenologie. Es ist ganz offensichtlich leichter, einander entsprechende Aspekte des Buddhismus und des Judentums gegenseitig spiegeln zu lassen, denn sie enthalten keine Thematisierung der anderen Tradition. Schwieriger schon ist es etwa zwischen Judentum und Christentum, denn da sind Thematisierungen der einen Religion innerhalb der andern, oft mit Konkurrenzcharakter, durchaus gegeben. Nun müssen wir hier erneut und rigoros im Auge behalten, dass Anthroposophie selber keine Religion ist. Sie ist aber zweifellos eine spirituelle Lehre, die aber eben nicht in Religion gründet, sondern in Wissenschaft. Die verschiedenen Religionen sind also von einer Wissenschaft vom Geist her thematisiert. Dadurch entsteht eine Doppelbödigkeit: wie halte ich diese Ebenen richtig auseinander? Als *spirituelle* Lehre kann sie auf der gleichen Ebene wie die *Spiritualität* der Religionen inhaltlich in das Spiegelungsverfahren einbezogen werden. Als empirische Wissenschaft entzieht sie sich dieser Ebene, also dem inhaltlichen Spiegelungsverfahren, aber nicht durch kategoriale Überordnung, also auf eine Position, von der aus die Religionen von außen oder oben beurteilt werden, sondern – weil sie selbst der Raum des Experiments ist – durch die Öffnung des phänomenologischen Feldes und den Einsatz der phänomenologischen Methode.

Verkürzungen und Defizite in Rudolf Steiners Charakterisierung der Weltreligionen

Es zeigen sich einige bemerkenswerte Tatsachen. Die erste ist ein inhaltlicher Befund im Hinblick auf das vorliegende Material: Die geisteswissenschaftlichen Mitteilungen Rudolf Steiners haben nur in Bezug auf das Christentum (und seine esoterischen Hintergründe) einen einigermaßen umfassenden Charakter. Für alle anderen Religionen ist das bei ihm nicht der Fall. Im Wesentlichen werden sie unter dem Gesichtspunkt ihrer vorchristlichen Konfigurationen, im Hinblick auf die Vorgeschichte und das Entstehen des Christentums hin untersucht. Es ist zwar nicht so, dass die Charakterisierung der reinen, immanenten Qualität der jeweiligen vorchristlichen Traditionen in Rudolf Steiners Darstellung ganz fehlen würde; sie wird aber stark auf den christozentrischen Fluchtpunkt hin perspektivisch orientiert. Diese Konvergenz einer auf das Geschehen um Jesus hin angelegten Betrachtung trägt dann Züge einer Erfüllungstheologie: alles scheint auf dieses zuzulaufen und sich darin zu erschöpfen. Das gilt besonders für die Art, wie das antike Judentum betrachtet wird. Auch das Wirken Buddhas wird in erster Linie in dieser Perspektive geschildert, obwohl bei ihm noch explizit eine Linie gezogen wird, die über weitere Jahrtausende reicht. Beim Islam, der überhaupt erst nachher auftritt, ist die geisteswissenschaftliche Forschung mehr als karg und zeigt, zum Teil ähnlich wie in traditioneller christlicher Sichtweise, fast nur seine Seite als Gegensatz zum Christentum. Der Befund ist eindeutig, aber verstörend: Eine Erforschung der lebendigen Traditionen die, sich weiterentwickelnd, bis in die Gegenwart reichen, findet man in Rudolf Steiners geisteswissenschaftlichen Darstellungen so gut wie nicht.

Es drängt sich die Frage auf, ob Rudolf Steiner seine Forschungsintentionen überhaupt in diese Gebiete getragen hat. Seine gelegentlichen Darstellungen etwa zum „Tao" in der alten Atlantis lassen sich eventuell mit Volkstaoismus in Verbindung bringen, der stark an Naturgeistern und magischen Kulten orientiert ist, aber nur sehr schwer, wenn überhaupt, mit Erfahrungen, die am meditativen Umgang mit dem philosophischen Tao des Tao-te-King gemacht werden können. Darüber hinaus: Wer auch nur ansatzweise den Motiven und Gebärden der islamischen Theosophie – Sohrawardis,

Ibn Arabis und anderen – innerlich nachgeht, kommt zu keiner Konkordanz mit den wenigen Aussagen Rudolf Steiners über den Islam. Dabei spricht sich in dieser islamischen Theosophie etwas aus, was von größter spiritueller Bedeutung ist. Der wichtige Bereich des Mahayana-Buddhismus und seiner inneren Qualitäten lässt sich kaum von Steiners Charakterisierungen des Buddhismus her – im Wesentlichen am Hinayana gewonnen – produktiv erschließen. Zum späteren Judentum finden wir, außer ein paar anekdotischen Bemerkungen, so gut wie nichts. Konturenreich zeichnet Steiner dagegen etwa innere Züge der christlichen Theosophie Jakob Böhmes nach und stellt das so Gewonnene in einen nachvollziehbaren Bezug zu seiner eigenen Geistanschauung. Zu der ebenfalls in der frühen Neuzeit auftretenden, nicht weniger bedeutsamen Theosophie des Kabbalisten Isaak Luria – nicht ein einziges Wort. Dabei sind die Perspektiven dieses Esoterikers sowohl für die abendländische Esoterik der Neuzeit insgesamt, wie für neuere spirituelle Impulse innerhalb des Judentums von erstrangiger Bedeutung.

Gerade die letzten drei von mir erwähnten geistigen Strömungen zeigen, wie ich meine, signifikante Konkordanzen – nicht „Identitäten“ – zu Motiven der auf christlichen Ausdrucksformen gestützten Anthroposophie im Sinne Rudolf Steiners. Sie fügen sich aber keiner Erfüllungstheologie ein, weil Anthroposophie *als Wissenschaft* – „Geistesforschung“ – zwar einer christlichen Theologie dienen kann, selbst aber nicht Theologie sein will, selbst dann, wenn sich in ihr die Mysterien Jesu als axiales Geschehen der Evolution zeigen.

Aus diesem Befund ergibt sich etwas durchaus Unbequemes. Die Forschungsergebnisse Rudolf Steiners decken nicht das Gesamtfeld der religiösen Phänomene ab, sondern lassen ein weites Feld offen, das allerdings auch erst nach seinem Tod in den Blick der allgemeinen, akademischen Forschung gefallen und in Form spiritueller Praktiken von vielen geistig Suchenden betreten worden ist. Unbequem ist diese Feststellung, weil es bei manchen den Glauben an die Allwissenheit Rudolf Steiners erschüttert – der freilich selbst, als man ihm die eine oder andere Frage vorlegte, unbefangen gesagt haben soll. „Das habe ich noch nicht erforscht“.

Die Anthroposophie ist nun einmal kein schlüsselfertiges Haus, in dem man sich brav einrichten kann, um es dann bloß treu instand zu halten. Das ist sie nie gewesen und kann sie gar nicht sein. Höchst unbequem – aber zugleich höchst befeuernd. Man wird sich zu fragen haben, ob dieses Haus möglicherweise überhaupt erst im tätigen Mitbauen Form und Konsistenz gewinnt. Und noch radikaler: ob das große Werk, das Rudolf Steiner hinterlassen hat, am Ende nur ein *allerster Bauabschnitt* ist, oder gar ein *Bauentwurf*, dessen Grundstein zwar gelegt ist, dessen eigentliche Ausführung aber noch aussteht.

Innewerden des Religiösen am Quell reiner Erfahrung

Eine zweite Tatsache bezieht sich auf das Religiöse in der Anthroposophie selber. Gemeint sind nicht die sich auf Religionen beziehenden Themen als solche, die in ihr behandelt werden und deren Theologisierung wir hinreichend in Frage gestellt haben. Etwas ganz Anderes ist ins Auge zu fassen. Wir haben gesehen, dass an dem zentralen Ort der selbsttragenden, sich selbst transparenten Grundevidenzen Wissenschaft und spirituelle Erfahrung zusammenfallen. Auch in dem Prinzip der „Denkbarkeit“, das alle Erscheinungen und Aussageformen aufnehmen kann, *ist* phänomenologische Betrachtungsart *bereits* Spiritualität. Das zeitigt nun zugleich ein religiöses Element. „Denken selbst ist heilig. Denken selbst ist die Gegenwart Gottes“, schreibt einmal der jüdische Philosoph Abraham Joschua Heschel im Hinblick auf eine Grunderfahrung, die er und nach seiner Ansicht auch schon Maimonides gemacht haben.

Religionen waren bisher die Basis von Spiritualität aller Zeiten und aller Kulturen. Leben, Legitimität und Akzeptanz der Religionen waren durch ihren spirituellen Kern wirksam, der von kleinen Eliten bewahrt, für die Meisten verhüllt blieb, aber mitempfunden wurde. Das eigentlich religiöse Element drückte sich in Gefühlsformen und Willenskonfigurationen aus. Neuzeitliche Wissenschaftskultur war dagegen in ihrer ersten langen Phase im Ganzen gesehen a-religiös oder sogar anti-religiös. Sie dämpfte das religiöse Fühlen teils herab, teils lenkte sie es, zusammen mit den Willensintentionen, auf säkularisierte ethische und soziale Ziele. Die Nebenwirkungen haben dann auch die Religionen, jedenfalls im Abendland, vehement zu spüren bekommen. Sie wurden entweder rationalistisch abgelähmt, beziehungsweise hielten an Resten alter Spiritualität reaktionär fest. Jetzt, mit der Wende von der Wissenschaft zum Geist, wird wiederum ein Religiöses freigesetzt. Es teilt sich als Erfahrung mit, in der das Element des Religiösen frei von religiösen Traditionen anwesend ist.

Diese Freisetzung tritt deutlich in Goethes Naturphänomenologie auf. In der Hingabe an das Objekt, die gleichwohl freigehalten wird von romantischen Phantasien und subjektiven Projektionen, werden in der reinen Anschauung gewonnene Qualitäten erfahren, die kaum anders als in religiöser Terminologie auszudrücken sind. Das eben gebrauchte Wort „Hingabe" ist selber religiös und ist doch zugleich der nüchternen Hinwendung zum untersuchten Objekt angemessen. Es treten in diesem Typus der erkennenden Tätigkeit tatsächlich Gefühlsqualitäten auf, die mit Dankbarkeit, Ehrfurcht, Liebe usw. umschrieben werden können. Goethe spricht sogar vom „Frommsein", das er in dieser Naturanschauung erfährt. Entsprechend tritt auch in der selbsttragenden, sich selbst transparenten Grunderfahrung des Denkens eine religiöse Qualität auf. Sie ist in Gefühlserlebnissen und Handlungsimpulsen, die an dieser Grunderfahrung angepolt sind, mitgegeben. Erkenntnis und Ehrfurcht! Evidenz und Enthusiasmus! Denkbarkeit und Dankbarkeit! Es gibt noch viele andere Varianten und Nuancierungen.

Geht die Forschung in dem oben skizzierten Sinn auf Erkenntnis der religiösen Traditionen von innen her zu, dann kann sie aus den Formen, die sie in die Denkbarkeit aufnimmt, selbst in die spezifischen Gefühlsnuancen und Handlungsimpulse zumindest im Ansatz Zugang finden. Man rekonstruiert dabei nicht bloß aus toten Bausteinen, sondern schafft produktiv nach. Es gibt hier allerdings einen gewichtigen Einwand: man kann in der Auseinandersetzung mit fremden Religionen nicht „probeweise" glauben, wie ein kluger Religionsphilosoph einmal bemerkt hat.[15] Das ist zweifellos so. Man kann aber vom Überschuss her experimentell und doch in voller Hingabe in den Gebärden die Gefühlsnuancen und ethisch-praktische Konfiguration fühlend nachvollziehen, und tritt so in Kontakt mit den anderen religiösen Qualitäten. Das geschieht, wie wir gesehen haben, im gleichzeitigen Herantreten an den spirituellen Kernbereich der Religionen. In voller Besonnenheit wird erfahren, wie das Religiöse im Menschen sich von diesem spirituellen Kernbereich her konstituiert, und wie es im Gesamt seiner leiblich-seelischen Konfiguration vom Geist her entfaltet. Vom Religiösen, das ich als Allgemein-Menschliches vom religionsunabhängigen Grunderlebnis erschlossen habe, trete ich in die ihr eigenen Varianten und Farben, Melodien und Gebärden der zu erforschenden Religion ein. Auf diesem Weg, so scheint es, bedarf man für sich selber eigentlich der Religiosität der Religionen nicht mehr. Oder vielleicht doch?! Bleibt nicht ein Rest, der so nicht zu erschließen ist? Hat Ulrich Mann nicht recht, wenn er es als unmöglich verwirft, probeweise zu glauben, weil ein Element hier fehlt: der existentielle Lebensvollzug von Religion im eigentlichen, von den großen Offenbarungen her gespeisten Sinne, in Fühlen und Wollen des *einzelnen* Menschen, nicht des Menschen im Allgemeinen, und auch nicht des forschenden Phänomenologen. Wir fragen ja nicht nach dem Platz der Religionen als abgehobene Ideen im Haus der Anthroposophie, sondern nach dem der konkreten Menschen, die mit ihnen verbunden sind. Das führt zu der Frage nach jenem existentiellen Moment im individuellen Lebensentwurf.

15 Ulrich Mann: Das Christentum als absolute Religion, Darmstadt 1970

Religiöse Traditionen prägen den Menschen

Hier tut sich eine schier unübersichtliche Fülle an Varianten auf, eigentlich so viele, als es Menschen gibt. Man müsste jetzt Biographik betreiben, und die individuellen Lebenswege Einzelner unter die Lupe nehmen. Klassifikationen und Typologien sind problematisch. Ich versuche aber doch einige, ganz provisorische Pfähle einzuschlagen, um ein komplexes Terrain abzustecken – zunächst außerhalb der Anthroposophie, um die Grundfragen deutlich zu machen, die sich heute stellen.

Ich kehre zunächst noch einmal an den Ausgangspunkt dieser Überlegungen zurück, wo die persönlichen Vorprägungen des Begründers der Anthroposophie (aber auch Abrahams, Jesu oder Buddhas) aufgerufen wurden. Wir haben gesehen, dass biographische „Vor-Urteile" im positiven Sinne für die spätere Erkenntnisbildung essentiell sein können. Was für große Gestalten der Spiritualität gilt, gilt natürlich ebenso für jeden Menschen. Man nimmt aus religiösen Prägungen nicht nur Eindrücke mit ins Leben, sondern wird von ihnen geformt, man bekommt Mentalitäten mit auf den Weg. Und man wird in einen existentiellen Realzusammenhang gestellt im Hinblick auf das Absolute bzw. Göttliche.

Die spontane, allgemein-menschliche Religiosität des heranwachsenden Menschen wird in allen Kulturen anders zu einer spezifischen Religiosität erzogen, ähnlich wie er das Sprechen als allgemein-menschliche Fähigkeit stets nur an einer spezifischen Muttersprache erlernt. Das prägt die Art des Suchens und Fragens auch im Hinblick auf Erkenntnis. Und das geschieht nicht nur dort, wo noch traditionelle Religion lebt, sondern auch in kulturellen Milieus, die sich zum Teil oder ganz aus den Religionsausübungen und Religionsüberzeugungen der Vorfahren zurückgezogen haben. Dann ist vielleicht nicht die Rede von Gott, aber es werden Werte weitergegeben, die Haltung und Habitus gemäß der Nuancierungen der Herkunft prägen: anders bei Katholiken, anders bei Protestanten, anders bei Juden oder Moslems. Das lebt auch in säkularisierter Weise fort. Die Nachhaltigkeit solcher Prägungen, auch über Generationen hinweg, wird gerne unterschätzt. Man hat nach dem Sturz des sich internationalistisch gebärdenden Kommunismus mit Erstaunen (zum Teil mit Erschrecken) gesehen, wie sich das zurückgedrängte, als überwunden deklarierte Nationale wieder zurückgemeldet hat. Man ist, durch die aufflammende Plage des religiösen Fundamentalismus – nicht nur im Islam, sondern ebenso im Christentum, Judentum oder Hinduismus – heute damit konfrontiert, dass sich die durch Religionen mitgegebenen Prägungen im Einzelnen wieder melden: Rückkehr des Verdrängten.

Religiöses *revival* findet auch in humaneren und verträglicheren Formen allenthalben statt. Für den spirituell Suchenden ist ein ureigenes, individuelles *revival* durchaus angesagt: nicht als Rückkehr in den behüteten Schoß der Kindheit freilich, sondern als Rückbesinnung, Selbsterkenntnis, Selbstgestaltung. So weist der vietnamesische Meister Thich Nath Han Zuhörer, die nicht aus buddhistischen Kulturen kommen, immer darauf hin, sich nicht unreflektiert dem von ihm gelehrten Buddhismus anzuschließen, obwohl er Elemente enthält, die von allen gepflegt werden können. Er empfiehlt energisch, sich unbedingt in der eigenen Tradition umzuschauen. Wenn man das nicht tut, so Thich Nath Than, würde man krank werden – ein starkes Wort. Ich halte es für buchstäblich wahr, ganz unabhängig davon, welche Entscheidung man selbst glaubt treffen zu müssen.

Das geht für den spirituell Suchenden – und Findenden – über bloß psychologische Aufarbeitung oder biographische Selbstvergewisserungen hinaus. Auf dem Weg des individuellen spirituellen Suchens und Findens können so neue Aufgaben in Bezug auf die religiöse Tradition sichtbar werden, der man angehört. Das kann zu neuen, freien Selbstverpflichtungen führen. Es ist ein Gesetz der geistigen Kontinuität und Evolution, dass sich hier zeigt.

Individuelle Wege – mehrfache Zugehörigkeit

Man nimmt die Prägungen und Qualitäten übrigens noch im Übertritt in andere Traditionen mit. Der amerikanische Zen-Meister jüdischer Herkunft Glassmann Roshi machte mit seinen Schülern eine Reise nach Polen. Ein Teilnehmer erzählt: „Und als wir zuletzt (nach dem Besuch in Auschwitz) in Krakaus uraltem jüdischem Viertel in einem ebenso alten jiddischen Gasthaus saßen und polnische Studenten Klesmer-Musik spielten, da warf Glassman Roshi seine Schuhe weg und tanzte strahlend durch den ganzen Raum."[16] Bei der Totenfeier des Erzbischofs von Paris, Jean-Marie Aron Lustiger, der als Jugendlicher zum Katholizismus konvertierte, erklang auf seinen eigenen Wunsch und wohl zum ersten Mal seit ihrem Bestehen überhaupt das „Kaddisch" in der Kathedrale von Notre-Dame. Von Lustiger, dem katholischen Kirchenfürsten, stammt, als er einmal auf seine Konversion und seine existentielle Beziehung zum Judentum gefragt wurde, der interessante Satz: „Man tritt aus dem Volk Israel nicht aus."

Die evangelische Theologin Annette Böckler trat zum Judentum über. Sie veröffentlichte ein vortreffliches Buch über den jüdischen Gottesdienst, der von ihr als Kunstwerk beschrieben und interpretiert wird – ein Ansatz, der seitens eines „Alteingesessenen" zwar nicht unmöglich wäre, von der christlichen Prägung der Autorin her aber eine besondere Qualifizierung erhält.

Zu beachten ist des Weiteren das Phänomen der zweifachen oder mehrfachen spirituell-religiösen Zugehörigkeit, ein Phänomen, das im Westen sehr lange Zeit faktisch unmöglich war, jetzt aber auch hier zunehmend Fuß fasst. Pater Enomya-Lassalle war Jesuit und Zen-Meister. Der Benediktiner Henri Le Saux (Swami Abhishiktananda) trat, übrigens mit Erlaubnis seiner Oberen, in einen indischen Sanyasin-Orden ein. Die spirituellen Gratwanderungen, die der

16 Franz-Johannes Litsch: Auschwitz in uns. http://www.buddhanetz.org/texte/auschw96.htm

„Einsiedler von Arunachala" zwischen christlicher und vedantischer Mystik in seinen Büchern und Tagebüchern dokumentiert, sind von weittragender Bedeutung. Sein Freund, der bereits erwähnte Raimon Pannikkar, selbst römisch-katholischer Priester und Jesuit, Autor einer bedeutenden „Christophanie", nennt sich selbst einen Christen, Buddhisten, Hindu und postmodernen Atheisten zugleich. Von christlichem Inklusivismus findet sich bei den Erwähnten keine Spur. Hier finden neue Entwicklungen im Feld des Überschusses statt.

Das geht nicht ohne Schwierigkeit. Henri le Saux ging durch Krisen. Er, der die Messe täglich zelebrierte, sah sich wiederholt veranlasst zu fragen, ob er Abschied vom geliebten Christentum nehmen muss, weil ihn die im Vedanta erübte und realisierte durchdringende Erleuchtungserfahrung zu einem Punkt geführt hatte, der jedes Gegenüber und jede Form hinfällig machte. Auf dem Sterbebett sagte er mit großer Überzeugungskraft, er habe den Gral gefunden. Ich frage: *Was* hat er wohl gefunden? Den „vedantischen" oder den „christlichen" Gral?! Will jemand antworten?! Hier ist Schweigen angebracht.

Das trans-religiöse Urbild des Menschlichen

Authentische, spirituelle Pflege der Religion fordert naturgemäß, sich durch ihre Formen und Gebärden hindurch auf das Höchste und Letzte ungeteilt einzulassen – im sinnenden Bedenken, im partizipierenden Erfühlen und im intentionalen Wollen. Er schielt nicht auf andere Religionen, aber bezieht ihre Ratschläge, ihre Hilfen, auch ihre Unterschiede, schließlich das Letzte und Höchste mit ein, das immer auch über die partikularen Formen und Symbole hinausweist. Die Begegnung mit anderen im Feld des Überschusses gestaltet sich zum Abenteuer und zur Bewährungsprobe der eigenen religiösen Überzeugung und Praxis. Die Paradoxien der Begegnung mit fremden Inhalten lösen sich nur jenseits jeder Dialektik, jeder Sprachform: für den Nicht-Christen angesichts der christlichen ebenso, für den Christen angesichts der nicht-christlichen Inhalte. Das gilt nicht nur für gedanklich formulierte Thematiken – seien sie nun „Theologie" oder „Forschungsergebnisse". Es gilt für die konkreten Erfahrungen selbst. Der große norwegische Anthroposoph und Waldorflehrer Jörgen Smit hat einmal im Hinblick auf das subjektive Mitteilen von Erlebnissen, die persönlich als „Christus-Erfahrungen" geschildert werden, und deren Authentizität er keineswegs in Frage stellte, in der ihm eigenen markant-herben Art gesagt: „Peinlich! Denn es kommt nur die Einkleidung und die Resonanz im eigenen Befinden herüber, nie der Kern der Sache selbst."

Dass sich Anthroposophie den neuen Entwicklungen anbequemen muss, liegt auf der Hand, ist sie doch selbst eine frühe Manifestation der Forderungen, die jener Überschuss im 20. Jahrhundert an die Menschen stellt. Ihre Spezifizität als Geisteswissenschaft, nicht Religion, müsste sie eigentlich zu einer paradigmatischen Stimme im Konzert der Spiritualitäten machen. Dann könnte sie einen wesentlichen Beitrag im Aufbruch hinein ins 21.Jahrhundert leisten. Ansonsten bleibt sie allenfalls ein interessantes Phänomen, Relikt aus der Zeit jenes frühen Aufbruchs. Nur wenige Anthroposophen sind bis jetzt, wie mir scheint, solche neuen Wege radikal und konsequent gegangen. Zu nennen wäre der jüdische Kabbalaforscher Ernst Müller, dessen Bücher heute noch auf dem Markt sind – allerdings in nicht-anthroposophischen Verlagen. Seine Übersetzungen aus dem Sohar, dem Hauptwerk des esoterischen Judentums, sind bislang die einzigen, die es in deutscher Sprache gibt. Seine religiöse Zugehörigkeit zum Judentum, seine jüdische Frömmigkeit hat er bis zuletzt, auch als Mitglied der Anthroposophischen Gesellschaft und der Freien Hochschule für Geisteswissenschaft, durchgetragen und vertieft – nicht ohne Schwierigkeiten in diesem Milieu. Und weiter: Als Rudolf Steiner einer Wiener Anthroposophin den Auftrag gab, Anthroposophie unter Moslems bekannt zu machen, soll er ausgerufen haben: „Wenn nur die ersten kämen!" *Als* Moslems, wie ich hinzufügen möchte, die sie sind und bleiben mögen. Es ist wenig wahrscheinlich, dass Steiner irgendwelche krypto-christlichen Missionsabsichten hegte; die Aussicht auf Erfolg wäre dann im Übrigen höchst beschränkt gewesen. Und schließlich: Als ein Priester der Christengemeinschaft freudig meldete, er habe eben ein anthroposophisches Mitglied jüdischer Herkunft getauft, soll Steiner entrüstet gewesen sein. Mit all dem ist nicht gesagt, dass nun jeder eine religiöse Tradition, ob ererbt oder durch Wahlverwandtschaft angenommen, pflegen müsste. Gerade für moderne und post-moderne, säkularisierte Individualisten ohne Bindung an traditionelle Religionen ist ein Haus wie das der Anthroposophie wie geschaffen. Dessen Gründer hat sich ja selber weitgehend in diesem Lebensstil bewegt. Hinterrücks „christianisiert" wollen aber zweifellos unsere säkularen Freidenker auch nicht werden! Er oder sie werden aber gut daran tun, sich mit der Frage zu beschäftigen, in welchem großen Traditionszusammenhang die junge freidenkerische „Tradition", die sie pflegen, selbst eigentlich steht. So oder so: Es gibt einen Punkt im Leben jedes spirituell Strebenden, wo sich innere Verpflichtungen gegenüber den durch sein Schicksal aufgenommen Traditionen ergeben, und auch gegenüber Zukunftsimpulsen, die nur er, *er allein* durchschauen und gestalten kann. Man darf sich auch die Frage stellen, was ein ernstes, richtig integriertes „multiple belonging", das sich auf dem eigenen Lebensweg ergeben kann, für eine nächste Inkarnation bedeutet, nicht nur für den Betreffenden selbst, sondern für die Evolution von Spiritualität auf einer neuen, künftigen Stufe. Aber auch im Hinblick auf zeitlich nähere Perspektive wird das volle Einbringen von existentiell-religiösen Zugehörigkeiten von entscheidender Bedeutung sein. Einbringen wohin? In das Experimentierfeld des Allgemein-Menschlichen. Anthroposophie ist – nach Rudolf Steiners eigener Aussage – im Wesentlichen nichts anderes als das.[17]

17 Sie ist «eine Versuchsmethode des Allgemein-Menschlichen und der allgemeinen Welterscheinungen». Ansprache, 19. 8. 1923, GA 259, S. 173f.

In Goethes nicht abgeschlossenem Gedicht *Die Geheimnisse* kommt ein Pilger zu einem Haus auf einer Anhöhe. Er tritt ein und wird von einer spirituellen Gemeinschaft willkommen geheißen, die sich als Zwölferrunde um einen Dreizehnten versammelt hat. Der Dichter und Esoteriker Goethe hatte idealtypisch zwölf Religionen im Sinn, die er freilich nicht näher bestimmt, und die auch kaum genau zu bestimmen sind. Sicher aber ist, dass, wie alle anderen, auch der Repräsentant jener spezifischen Religion, die den Namen Christentum trägt, auf einem der Stühle der Runde Platz nehmen wird, nicht etwa in deren Mitte. Denn der Dreizehnte, der die Mitte hält, repräsentiert keine einzelne Religion. Er heißt „Humanus". Das ist der Name des Menschen und der Menschlichkeit.

Gott spricht auch vom Menschen her

„Ich“ und „Nicht-Ich“ in Buddhismus und Judentum

Die Frage nach Gemeinsamkeiten zwischen verschiedenen spirituellen Traditionen liegt förmlich in der Luft. Sie ist notwendig, schon weil sie Anerkennung und Religionsfrieden fördert. „No religion is an island“ – „Keine Religion ist eine Insel“, betonte der große jüdische Religionsphilosoph Abraham Joshua Heschel (1907 - 1972), der doch fest in der eigenen Tradition stand.

Man darf allerdings Traditionen nicht einfach durcheinander werfen. Und wer hin und her, von der einen zur anderen eilt, kommt wenig weiter. Es mag Entsprechungen, Überlappungen, horizontale Einflüsse geben, es mögen auch vertikale Kongruenzen in den Blick kommen: transzendentale Fluchtpunkte der Perspektiven, die alle auf Eines weisen. Es gibt aber auch markante Unterschiede. Sie zu sehen, sie mit zu bedenken ist wichtig. Und diese Unterschiede miteinander ins Gespräch zu bringen ist reizvoll – und mehr als das. Es weckt Einsicht in das je Eigene und Einsicht in das Fremde und es schafft ein lebendiges Milieu spiritueller Verflochtenheit, deren wir für die Zukunft bedürfen. Man muss dabei die „Wüste der Alterität“[18], des Andersseins durchqueren und den Mut haben, Durststrecken und Gefahren zu ertragen.

Versucht man spirituelle Traditionen sich gegenseitig beleuchten zu lassen, so ergeben sich eine ganze Reihe methodischer Probleme. Sie sind zugleich Lebensprobleme, sofern man nicht bloß Theorie und vergleichende Religionswissenschaft betreiben will, sondern im Sinne des neuen spirituellen Paradigmas – desjenigen, das gleichsam in der Luft liegt – einen wirklichen Weg dabei gehen will. Deswegen genügt es nicht, ein äußerliches Vergleichen von Formen und

18 Fabrice Blée, Die Wüste der Alterität. Spirituelle Erfahrungen im intermonastischen Dialog. In: Karl Baier (Hrsg.), Handbuch Spiritualität, Darmstadt 2006

Ausdrucksweisen, von Lehren und Regeln zu betreiben, sondern man muss versuchen, die inneren, spirituellen Gebärden, die in den verschiedenen Formen sichtbar werden, zu verstehen. Gebärden werden von Menschen vollzogen. Und ein Mensch ist nicht ein Etwas, sondern ein Jemand. Damit stoßen wir auf den Leitfaden der folgenden Untersuchung, wo versucht wird, Buddhismus und Judentum miteinander ins Gespräch zu bringen. Wir fragen nach dem Status des „Ich" in beiden Traditionen.

Noch ein persönliches Wort dazu. Mit der buddhistischen Tradition bin ich freundschaftlich verbunden. Als lernender Gast finde ich mich in inneren Lehrhallen dieser großen, lebendigen Tradition freundlich aufgenommen. Mit der jüdischen Tradition ist meine Verbindung existentiell. Sie hat meine Kindheit und Jugend geprägt und setzte sich sowohl in der Art des Fragens und Suchens, als auch in eigenständigem (ziemlich eigenwilligem) Studieren und Meditieren fort. Und weil ich von einem existentiellen Ort her frage, lade ich meine Freunde und Gastgeber ein, die Frage mit mir zu teilen: „Wie steht es eigentlich mit dem Ich in der Spiritualität?"

Das „Ich" auf dem Seziertisch

Man kann nun darüber diskutieren, ob das Ich – ein fragwürdiges Substantiv – wirklich zum Ausgangspunkt spiritueller Vergewisserungen gewählt werden sollte. Allzu leicht verführt ein monomaner Umgang mit diesem Un-Ding zum Kreisen um das liebe Ego. Selbst wenn man zwischen „niederem" und „höherem" Ich unterscheidet, besteht die Gefahr einer ungehörigen Substantialisierung jener Identitäts-Instanz, die wir Ich zu nennen pflegen. Ungehörig deshalb, weil diese Sache, wie immer wir sie auch drehen mögen, niemals dingfest zu machen ist. Und doch: Wir suchen und fragen. Jagen wir dabei nach dem Ochsen, auf dem wir reiten? Und ist da nicht einer, der fragt? Nicht zu übersehen ist auch, wie sehr die kaltschnäuzige theoretische und praktische Leugnung des Ich in Wissenschaft, Technik und Kultur Menschlichkeit aushöhlt. Wir können deshalb, trotz mancher Vorbehalte, auf ein Nachsinnen über dieses Ungreifbare, das „Ich“ genannt wird, nicht verzichten wenn wir uns um Klärung spiritueller Rätsel bemühen.

Die Frage spitzt sich deshalb zu, weil Spiritualität heute starke Impulse vom Buddhismus her erhält. In der Buddha-Lehre wird radikal die Lehre von *anatta* (*anatman*), also die Lehre vom Nicht-Ich vertreten. Von buddhistischem Weisheitsgut beeinflusste Spiritualisten nehmen diese Lehre zu Recht sehr ernst. Sie besagt Folgendes: Alles was ich auf mich beziehe, mein Körper, meine Empfindungen, meine Gedanken usw. ist nichts, was ich in letzter Instanz wirklich sein könnte. Keine Identifikation mit dem Körper, mit sozialen Rollen, mit Besitztümern, mit angelerntem Wissen, mit Gefühlen oder Bestrebungen hält der umbarmherzigen Analyse stand, die sich auf die Frage: „Bin ich das wirklich?“ stützt. Nichts von alldem ist meine letztgültige Wesensidentität. Das gilt auch für das scheinbar Zentralste an mir, das ich anspreche, wenn ich von meinem „Ich“ spreche. Es bleibt nichts übrig. Selbst wenn man zu einem schönen Beiwort greift und jene Wesensidentität als „höheres“ Ich bezeichnet, funktioniert es nicht, denn man inthronisiert eine Illusion. Was ich als „ich“ und „mein“ identifiziere, ist immer in letzter Instanz bloße Vorstellung eines Konsistenten, das sich aber bei genauer Prüfung als durchaus inkonsistent erweist.

Diese Grunderfahrung und die daraus abgeleitete Praxis des radikalen Nicht-Haftens sind für den Buddhismus von zentraler Bedeutung, und von großer spiritueller Fruchtbarkeit. Die *anatta*-Haltung führt nämlich zu einer inneren Einstellung, die darauf hinzielt, etwas Überpersönliches, das immer am Horizont des Bewusstseins anwest, zuzulassen. Es handelt sich um ein kontinuierlich geübtes Absehen vom eigenen Ich-Vorstellen, Ich-Reflektieren. Mit der der *anatta*-Haltung leben heißt, sich gleichsam selbst über die eigenen Schultern zu schauen. Wo führt das hin? Zur „Ichlosigkeit“? Zum

„Verlöschen" und „Aufgehen im All"? Wir lassen die Frage zunächst stehen.

Nun liegt der seltsame Tatbestand vor, dass gelegentlich Buddhisten auch das radikale Erfahrungs- und Übungsprinzip, bei dem es offensichtlich darum geht, jedwedes Fixieren auszuschließen (indem die Wurzel aller Fixationen, der Ego-Reflex, losgelassen wird) selbst eifrig fixieren. Dann wird fest behauptet „es gibt gar kein Ich". Dass eine solche Aussage, auch im Sinne des Buddhas, unhaltbar ist, möchte ich anfangs verdeutlichen – wenn auch keineswegs als Lehrmeinung fixieren! Ich wende mich anschließend der Frage zu, wie sich die Herausforderungen, die mit der *anatta*-Lehre gegeben sind, mit einer ganz anders konfigurierten Spiritualität verhalten: mit der in mancher Hinsicht polar entgegengesetzten Haltung des Judentums, in der jenes „Ich", zwar nicht als stehender Begriff, der sich der Sprachform eines Substantiv bedient, wohl aber in Verbal- und Pronominalformen ausgedrückt, als Leitmotiv und innere Haltung eine eminente Rolle spielt.

Pädagogik des Nicht-Haftens

Die *anatta*-Lehre bildet ein Herzstück des ursprünglichen Buddhawegs. Dieser ist in seinen wesentlichen Zügen eine spirituelle Psychologie der Befreiung vom Haften an Leid erzeugenden Illusionen. Alles, was nicht brauchbar ist, um in innerer Folgerichtigkeit den methodischen Vollzug der leidensüberwindenden Einsichten und Übungen zu fördern, ist vom Buddha als unerheblich, störend, illusionsverstärkend aus der Lehre, dem Dharma, ausgeschieden worden. Die *anatta*-Lehre ist demnach nicht eine Aussage darüber, ob es eine Ich-Instanz „gibt" oder nicht „gibt". Im Pali-Kanon finden sich Stellen, wo der Buddha *sowohl* die eine Aussage, dass es ein Ich gäbe, *als auch* die andere, das es keines gäbe, verwirft: „ ‚Ich bin' ist ein eitler Gedanke! ‚Ich bin nicht' ist ein eitler Gedanke! ‚Ich werde sein' ist ein eitler Gedanke; ‚Ich werde nicht sein' ist ein eitler Gedanke." Es ist deutlich, dass es sich um eine Pädagogik handelt, die auf ein Loslassen zielt, oder anders gesagt, um einen Akt, einen Habitus oder wie immer man das nennen mag, durch welche die Verschleierung der Wirklichkeit, die durch die Vorstellung eines fixierten Ich hervorgerufen wird, aufgehoben werden soll. Diese Vorstellung des Ich durchdringt und durchschattet die Bewusstseinsebenen vom Leibbewusstsein bis in subtilste Denk- und sogar Meditationsstufen hinein.

Unter dem Terminus „Vorstellung" ist hier allerdings mehr als nur die bewusste mentale Erinnerungsvorstellung gemeint. Es handelt sich um eine Art permanente, vor uns herlaufende Entfremdung des Bewusstseins, ein Verwechseln der Spiegelbilder, der Projektionsflächen mit dem, was gespiegelt, was projiziert wird. Wer sich *anatta* übend zu Eigen macht, wer durch die mannigfaltigen Methoden, die in der Buddhalehre auf dieses zulaufen und von diesem her angelegt sind, diese Gebärde lernt, macht Erfahrungen, die kaum zu beschreiben sind, aber meiner Einsicht nach und dem Zeugnis kompetenter Buddhisten entsprechend zu keiner „Entichung" führen (wie es manche Christen oder auch Anthroposophen glauben). „Jenseits meiner selbst erwarte ich meine Ankunft" heißt es in einem japanischen Haiku. *Anatta* ist so gesehen eine Chiffre des spirituellen Realisationsprozesses und hat nichts mit einer objektorientierten anthropologischen Definition zu tun.

Desgleichen hat *anatta* – ihrem Wesen nach – auch nichts mit Weltflucht zu tun. Der Buddhist ist von Anfang an aufgerufen, in *metta* und *karuna* (liebender Güte und Mitgefühl) eine Grundhaltung zu lernen, die in *anatta* mitgegeben ist. Deshalb entwickelt sich im Mahayana die Lehre weiter: von der individuellen Selbstverwirklichung hin zum Erlösungswillen für alle empfindenden Wesen. Heute mündet sie mit innerer Folgerichtigkeit in Impulse für einen sozial engagierten Buddhismus.

Der Buddhismus des Pali-Kanon (Theravada) gibt keine Welterklärungen. Auch dessen Anthropologie und Psychologie ist rein praktischer Natur. Begriffe werden gebildet, Unterscheidungen vorgenommen, eine Topographie der Bewusstseinszustände wird gezeichnet, die in ihrer Weise einzigartig in der Religionsgeschichte dastehen. Aber diese Beobachtungs- und Denkvorgänge und ihre Systematisierungen haben, bis in die einzelnen Nuancen hinein, immer die Funktion, durch Wahrnehmen, Benennen und Verstehen das Haften am bedingten Dasein zu durchschauen und zu lösen. Das ganze systematische Gebäude kommt ohne Ich-Begriff, in dem sich die vielfältigen Aspekte und Ebenen etwa bündeln würden, aus. Im späteren Buddhismus, dem Mahayana, ist dann eine Art Metaphysik entstanden, die die *anatta*-Lehre in der *sunyatta*-Lehre (die Lehre von der Leerheit aller Erscheinungen) universalisiert. Diese „Metaphysik" ist aber nur scheinbar eine Theorie. Das Grundprinzip der Lehre als Anleitung zum Vollzug der Befreiung bleibt erhalten. Sie fügt nun aber auch ausgefeilte dialektische Methoden zu den früheren hinzu.

Im Zen schließlich wird Mahayana noch einmal radikalisiert. Er setzt auf unmittelbare Erfahrung, indem die psychologische Systematik des Theravada und die logisch-philosophische Dialektik der Mahayana-Schulen mehr oder weniger fallengelassen werden, weil auch sie die Gefahr in sich bergen, dass an ihnen gehaftet wird und sie die illusionären Ich-Vorstellungen subtil sedimentieren.

Der Ertrag der Mahayana-Schulen macht eine „Metaphysik" der Nicht-Substantialität und eine „Logik" der Nicht-Identität frei. Nicht-Substantialität meint, dass sich für das Gesamt der Welterscheinungen kein fester Boden auffinden lässt. Weder ein materielles, noch ein ideelles Prinzip, das irgendwie zu definieren wäre. „Leerheit" ist kein Prinzip. Sie steht als Chiffre für eine Durchbruchserfahrung in einen ursprünglichen „Ungrund" – um einen Ausdruck des deutschen Mystikers Jakob Böhme zu entleihen.[19] Die

19 Damit ist nicht behauptet, buddhistische Leerheit und Böhmescher Ungrund identisch seien. Absolute Identitäten gibt es zwischen den verschiedenen spirituellen Lehren nicht. Es gibt aber Verwandtschaften. Hilfreich ist der von Raimon Panikkar vorgeschlagene Ausdruck „homöomorphe Equivalenzen". Das sind keine Analogien, die eins zu eins verglichen werden können, sondern *funktionale* Entsprechungen

Logik der Nicht-Identität hängt unmittelbar mit der Nicht-Substantialität zusammen. Denn wenn im Gesamt der Welterscheinungen – inklusive des Menschen und seines Bewusstseins – kein fester Boden auszumachen ist, lassen sich auch keine letztgültig zu identifizierenden, festgelegten Begriffe bilden, die andere ausschließen.

Doppelaspekte des „Ich" in der jüdischen Tradition

Wir wenden uns nun dem Judentum zu und gehen einigen wichtigen Themen nach, die spirituelle Lebenshaltung und Praxis in Hinblick auf die Frage nach dem „Ich" betreffen.

Im Judentum ist in der Tat eine prägnante Ich-Lehre zu finden. Sie ist aber nicht systematisiert. Man findet indes deutliche Marksteine, die dasjenige bezeichnen, was man als Ich-Instanz in Mensch und Kosmos ansprechen darf.

Das Hebräische kennt zwei Wörter für das Personalpronomen „ich": *ani* und *anokhi. Ani* ist in der Lehre der Talmudisten dem Auszug aus Ägypten zugeordnet: der Gang ins Offene, Neue, Unplanbare. *Anokhi* gehört zur Festigung der Ichformen durch das auf dem Sinai gegebene Gesetz, die Torah.

In Psalm 75 heißt es (in der Übersetzung von Samson Raphael Hirsch):

> *Gehuldigt haben wir Dir, Gott, haben gehuldigt, und noch ist uns dein Name nahe; erzählt haben ihn deine Wunder. „Wenn ich die bestimmte Zeit ergreife, trete ich als „Ich" (ani) hervor und richte in Geradheit. Verzagen auch die Erde und ihre Bewohner, „Ich" (anokhi) habe ihre Säulen mit Überlegung festgestellt."*

„Wenn ich die bestimmte Zeit ergreife, trete ich als „Ich" *(ani)* hervor und richte in Geradheit" – was ist gemeint? Es geht hier um ein aktuell-unverfügbares Geschehen. Hier tritt eine Instanz auf, die damit zu tun hat, dass sich innerhalb des Zeitstroms die Zeit durchbricht. Sie wirkt willensartig, gibt Form, ist selbst aber keine Form. Sie hat vertikalen Charakter, oder besser: sie wirkt vertikalisierend, sie ruft in die Geradheit im doppelten Sinne einer aufrechten Haltung und einer moralischen Aufrichtigkeit. „Verzagen auch die Erde und ihre Bewohner alle, ‚Ich' *(anokhi)* habe ihre Säulen mit Überlegung festgestellt" – dies ist Setzung strukturierender Habitusbildung, aneignen von Gewohnheiten, die man sich selbst auferlegt, um einen leiblich-psychischen Untergrund zu schaffen, jenem Einschlag des Unverfügbaren eine Wirkungsmöglichkeit zu geben.

In den Buchstaben-Spekulationen der Kabbalisten wird der zusätzliche Buchstabe *kaf* in *anokhi* mit dem Handteller, der etwas empfangen oder ergreifen kann, in Zusammenhang gebracht. *Ani* wiederum wird, durch Buchstabenpermutation, zu *ajin* – nichts. Das Ich als „Nichts" ist ein Motiv, das durch viele spirituelle Lehren hindurch in Abwandlungen aufscheint und auf die Erfahrung jenes Unverfügbaren weist, das wir wesentlich sind. Wir kommen auf dieses Motiv, das mit der *anatta* und der *sunyatta*-Lehre bereits angerissen wurde, noch zurück. Für die spirituelle Lebenspraxis und Lebensbewältigung ist der Umgang mit dem einen wie dem anderen Aspekt des Ichseins von großer Bedeutung. Vor allem aber ist die Kunst zu erlernen, wie man beide in ein fruchtbares Verhältnis zueinander bringt. Es ist deutlich, dass die eine, fassbare Seite des Ichs eine Konstante bildet, die uns in den konkreten Lebensvollzügen verankert. Die andere, unfassbare, scheint ihr gegenüber frei schwebend aber dennoch wirksam, bis ins Leibliche hinein.

Einen mit diesem Doppelaspekt verwandten Topos finden wir bereits am Anfang der Torah, in dem bekannten, fundamentalen Satz über die Gottesebenbildlichkeit des Menschen.[20] Es wird oft, auch in vielen Übersetzungen, übersehen, dass es sich tatsächlich um einen Doppelaspekt handelt. Es werden nämlich zwei verschiedene

20 Gen. 1,26

Ausdrücke verwendet: „Gott schuf den Menschen nach seinem Bilde (*zelem*), nach seinem Gleichnis (*d'mut*) schuf er ihn", heißt es wörtlich. *Zelem* bezieht sich dabei auf etwas Innerliches, Unsichtbares. *D'mut* ist das mehr äußerliche Hüllenwesen, indem sich der Makrokosmos als Mikrokosmos spiegelt. *Zelem* urständet im Unzerstörbaren. *D'mut* ist Verformungen ausgesetzt. Es ist sowohl sichtbare Gestalt, die sich in der physischen Leiblichkeit ausprägt, als auch Gestalt übersinnlicher Wesensglieder, die funktional den Leib formen, lebendig erhalten, beseelen. *Zelem* aber ist Gestalt nicht in diesem Sinn, tritt uns nicht als greifbares Gebilde gegenüber, ist nicht Abbild jenes Höheren, sondern ein Stück jenes Höheren selbst.[21]

Zwar ist jüdisches Denken sehr zurückhaltend gegenüber jeglichem „Fusionismus" und jeder „Verschmelzungslehre", wie sie im Hinduismus, im Sufismus oder in der christlichen Mystik gelegentlich als Einssein und Einswerden mit der Gottheit beschrieben wird. Manche jüdische Gelehrte, auch Mystiker, lehnen die Idee eines vollständigen Einsseins im Ursprung wie auch im ekstatischen Einswerden mit Gott ab. Man muss aber bedenken, dass sich hier der Abgrund eines Mysteriums auftut – wir haben es, unter anderen Prämissen, auch beim Buddhismus gesehen. Dort – im sprachlichen und spirituellen Kontext der *anatta*-Lehre – blieb die Frage offen, was denn „übrig bleibt", wenn die Illusion eines getrennten Ich überwunden ist. Hier nun ist die Frage, was jener Aspekt der Gottesebenbildlichkeit, der *zelem* genannt wird, zu bedeuten hat, wenn er wirklich auf die unsichtbare Instanz im Menschen verweist, die unmittelbar „Bild" Gottes ist. Ein Stück Gottes selbst? Geistsucher, die sich im Rahmen monotheistischer Traditionen bewegen, werden angesichts der Hybris, die hier droht, mit Recht vorsichtig sein. Buddhisten haben es leichter, wenn sie auf die Buddha-Natur in

21 Siehe dazu: Franz Joseph Molitor: Philosophie der Geschichte oder Über Tradition. Münster 1857. Molitors Ausführungen beruhen auf Jahrzehnte langem Studium der Kabbala bei jüdischen Meistern. Eine digitale Version der ersten Auflage ist unter http://google.books.de zu finden. Siehe auch meinen Essay in diesem Buch: Das Judentum als Abbild der Menschheit im Kleinen. Franz Joseph Molitors Philosophie der Geschichte.

jedem Menschen hinweisen, denn das bezieht sich auf keine Gottheit, sondern auf den in jedem Menschen immanenten Keim der Erleuchtung, also einen Bewusstseinszustand. Andererseits ist die Frage zu stellen, ob nicht auch die jüdische Spiritualität im Grunde eine Bewusstseinssprache spricht. In diesem Sinne habe ich zuvor die Textstelle aus den Psalmen so interpretiert, dass ich intellektuell-theologische Spekulationen über den Status der Gottheit weggelassen habe.

Gott spricht zugleich vom Menschen her

Dass dies legitim ist, kann aus der Tradition selbst wie auch aus den Anforderungen der Gegenwart begründet werden. Judentum ist nicht eine Religion des Buches, sondern eine Religion der Interpretation des Buches (Marc-Alain Oaknin). Liest man die exegetische Literatur, die Midraschim – zu der auch das esoterische Hauptbuch, der Sohar gehört – so merkt man, wie sich der Charakter des hebräischen Theismus von innen her anders zeigt als von außen. Was da als göttliche Offenbarungsinstanz spricht, spricht zugleich von innen, vom Menschen her. „Wenn ihr mich bezeugt, so bin ich Gott, und sonst nicht – so lässt der Meister der Kabbalah den Gott der Liebe sprechen," schreibt der große jüdische Religionsphilosoph Franz Rosenzweig.[22] So kann der Name Elohim, der üblicherweise mit „Gott" übersetzt wird, in dieses Sprechen – vom Menschen her – aufgenommen werden.

Die Operation der Umwandlung in etwas vom Menschen her Ausgesprochenes war freilich ursprünglich einer Elite vorbehalten, die durch Schulung darauf vorbereitet war, damit umzugehen. Die Gefahren der kabbalistischen Initiation sind in der Parabel des Obstgartens oft tradiert worden:

22 Der Stern der Erlösung, Suhrkamp 1988, 8. Aufl., S. 254

Vier gingen in den Garten (Pardes). Das waren Ben Azzai, Ben Zoma, der Andere und Rabbi Akiba. ... Ben Azzai blickte und starb... Ben Zoma blickte und wurde heimgesucht (verlor den Verstand). Der Andere (Elisha ben Abuya) blickte und schnitt seine Pflanzung ab (wurde ein Abtrünniger).
Rabbi Akiba ging in Frieden hinein und in Frieden heraus.[23]

Dass neuerdings über die hebräische Initiation – wie über andere Initiationstraditionen – öffentlich gesprochen wird, liegt an dem Schutz, der unsere heutige Bewusstseinssituation bietet. Der angedeutete Umgang mit dem Wort „Elohim" vollzieht sich etwa so: Man zerlegt ihn in seine Bestandteile. Der erste Teil, *eleh,* heißt: „dies". Aus dem zweiten Teil wird durch Permutation *mi,* „wer". Beides wird als Frage gelesen: „Dies? Wer?" *Eleh* kann auch in *ma* übergeführt werden – „was". Was? Wer? Wir befinden uns unmittelbar an der Frage, die wir einleitend aufgerufen haben. Der Meditierende wird zu einer Fragehaltung gegenüber dem eigenen Darinnenstehen in den Prozessen selbst angeregt, muss sich in die Verborgenheiten des menschlich-göttlichen Ursprungs durch das Tor der eigenen „Seele der Seele" begeben.

Auch die berühmte Formel, mit der die Gottheit antwortet, als Moses sie fragt, wie er sie nennen soll, *Ehje ascher Ehj*e, ist von dieser Art. Sie wird nur ungenau mit „Ich bin, der ich bin" oder gar „ich bin der ‚Ich-Bin'" wiedergegeben. Es handelt sich nicht um ein statisches, gar substantiviertes Etwas, das dem Menschen bloß gegenübertritt, sondern um ein Wesenhaftes, das sich in einem offenen Prozess zeigt: „Ich werde sein, der ich sein werde." Angesprochen ist zugleich jenes „Ich", vor dessen Substantivierung wir gewarnt haben, dass aber hier als Realität erfahren wird, nicht als Illusion.

Der Bestand des Individuellseins – „Ich-Natur" – wird hier bejaht und in den Zugang zur höheren Dimension integriert. Er wird in den

23 Talmud, *Chagigah* 14b, *Tosefta* 2. Die vollständigen Textstellen enthalten Elemente, die noch eine andere Deutung der Pardes-Parabel zulassen, als die Warnung vor Gefahren, nämlich Hinwiese auf positive Stufen der Initiation.

Schriften zunächst auf der göttlichen „Seite“ thematisiert, denn so wurde er auch erfahren. Es wird aber, ohne dass diese göttliche Seite dabei aus dem Blick zu verlieren ist, zunehmend „hereingeholt“. Wir haben bereits darauf hingewiesen, dass die Lesart der Kabbala das Herüberspielen ins Bewusstsein des Menschen nicht nur zulässt, sondern geradezu fordert. Sie trifft sich auf diesem Weg mit Einsichten der Phänomenologie und Hermeneutik der Gegenwart. Im Zentrum aber steht nicht Spekulation – mag es auch da und dort in kabbalistischen Kreisen in diese Richtung gehen – sondern Praxis, spirituelle Erfahrung.

In der mystischen Tradition des Judentums kommen, trotz aller Zurückhaltung gegenüber „Verschmelzungslehren“, Ausdrucksweisen ins Spiel, welche die Einheit des Ich mit der Gottheit als Prozess bezeichnen. Der Ausdruck *jihud* ist ein Schlüsselbegriff jüdischer Mystik. *Jihud* heißt Einigung oder Einung. Entsprechend ist das höchste Seelenglied im Menschen im Sinne der Kabbala *jehida,* was aus demselben Wortstamm gebildet ist.[24] Intimer kann das Einssein als menschliche Veranlagung und Potentialität nicht ausgedrückt werden.

Wie stark im Judentum das Spirituelle, Esoterische bis hinein in die äußere Religionsübung, zumindest der Möglichkeit nach, präsent ist, zeigt sich im täglichen Sprechen des „Sch'ma Jisrael“. *„Sch'ma Jisrael JHWH elohenu JHWH echad.“* „Höre Israel, JHWH (traditionell zu lesen: *Adonai,* Herr) ist dein Gott, JHWH ist Eins.“ Dem spirituellen Beter wird es dabei unter Umständen weniger um die Bekräftigung der Einzigkeit Gottes im Sinne eines abstrakten Monotheismus gehen, als um die Einsenkung in ursprüngliche Einheit.

Was spirituell zu realisieren ist, wird nicht als vollständige „Entwerdung“ und endgültige „Entweltlichung“ konzipiert und realisiert.

24 Die Seelengliederlehre der Kabbala, die nirgends systematisch fixiert ist, ist dreigliedrig oder fünfgliedrig. Dreigliedrig wird von *nefesch* (Elementarseele), *ruach* (Wortseele), *neschama* (Geistseele) gesprochen. In der fünfgliedrigen Struktur kommen noch *chajja* (Lebensseele) und *jechida* (Einigungsseele) hinzu. Die deutschen Bezeichnungen sind keine Übersetzungen, und wollen nur einen Hinweis geben. Das ganze Gebiet ist noch wenig erforscht und durchdrungen. Es lassen sich „homömorphe Equivalenzen“ zu den Seelengliedern der Anthroposophie Rudolf Steiners finden.

Vielmehr ist im Sinne der Lehre von der Ebenbildlichkeit die Wiederherstellung seines Hüllenwesens – *d'mut* – durch die Reintegration des Zelem in seinen Urstand anzustreben. Rückwirkend, im „Abstieg", wird dieses Hüllenwesen harmonisiert und zur „Handfläche", zum Gefäß und Empfangsorgan des Höheren umgebildet.

Zugleich wird in Ethik und Lebensgestaltung *d'mut* erhoben. Das geschieht in vollem Zusammenhang mit der Welt und im Hinblick auf die kleinste Tat des Alltags. Denn auch die an den äußeren Schalen haftenden Funken des Göttlichen in aller Kreatur – so die Lurianische Kabbala – sollen mit dem Ursprung vereinigt werden, aus dem sie herausgefallen sind. Der Mensch wird zum Ausstrahlungszentrum, von dem her die in Disharmonie geratene Ordnung der Welt wieder hergestellt werden kann und soll: *tikkun olam*. Von da her ist der intensiv auf irdisches Tun und auf Gerechtigkeit hin orientierte Zug der jüdischen Spiritualität zu verstehen, der sich auf Soziales, aber auch auf die Natur und deren Heilung richtet. Und von da her ergibt sich zugleich folgerichtig die Grundgebärde des jüdischen Messianismus, der sich mit einer Erlösungstat, die bereits erfolgt wäre, weder zufrieden geben kann noch darf. Zugleich ist Messianismus im Sinne solcher Wiederherstellung, die gleichwohl dem Kosmos etwas Neues einfügt, der Ich-Natur des Menschen und seinem Tun anheim gestellt.

Dewekut – Haften an Gott

Und schließlich ist von daher auch eine spirituelle Grundgebärde begründet, die – zumindest der Formulierung nach – dem buddhistischen Nicht-Haften diametral entgegengesetzt zu sein scheint: *dewekut*. Das Wort bedeutet „Haften". Gemeint ist das Haften an Gott, nicht an der Welt.[25] Mit der Frage nach *dewekut* kommt man in

25 Deshalb ist es nicht verwunderlich, das sich hier – trotz der gegensätzlichen Ausdrucksweisen – Buddhalehre und jüdische Spiritualität treffen. *Dewekut* kann eigentlich nur im Zusammenhang eine

ein Innerstes hinein, das Gefahren in sich birgt, wie übrigens auf der anderen Seite ebenso ein weltflüchtiges Nicht-Haften problematisch sein kann, auch aus buddhistischer Sicht. Für die jüdische Spiritualität stellt sich die Frage, *woran* man zu haften sich anschickt, und *wie* man es tut. Der Eine Gott wird zum Popanz, zum gefährlichen Gespinst, wenn ich ihn mit Vorstellungsformen des Ich besetze, die ich aus dem Ego des Alltags beziehe. Ich lade dann eine projizierte Transzendenz mit einem Inhalt und einer Energie auf, welche das Bewusstsein gegenüber wahrer Transzendenz, die zugleich alldurchdringende Immanenz ist, abschottet. Das ist im Übrigen eine Problematik aller so genannten monotheistischen Religionen.

Man darf aber das Kind nicht mit dem Bade ausschütten und psychologisierend die eigenen Unzulänglichkeiten (oder die Unzulänglichkeiten dogmatischer Lehrformen) dem Monotheismus als solchem in die Schuhe schieben. Auch wenn man zu der Überzeugung kommt, sich für nicht-theistische Spiritualitäten wie die Lehren des Tao-Te-King oder des Buddha entscheiden zu müssen – die uns wahrlich sehr viel zu sagen haben – sollten drei Fragen nicht übergangen werden. Erstens: Fliehe ich bloß vor Missbildungen der eigenen Tradition? Zweitens: Idealisiere ich die neu entdeckten Lehren, weil ich deren eigene Einseitigkeiten, fernab in fremden Zivilisationen, nicht kenne? Und drittens: Wie steht es mit der spirituellen Innenansicht der eigenen, monotheistischen Tradition? Die Entscheidung muss jeder für sich treffen. So hat die bedeutende buddhistische Nonne und Meditationslehrerin Ayya Khema (Ilse Kussel/ 1927-1997), eine Berliner Jüdin aus assimilierter Familie, die sich bis ans Lebensende mit ihrem Jüdischsein verbunden fühlte, zu Meditationsformen der Kabbala keinen persönlichen Zugang gefunden. Im Theravada erreichte sie hohe Realisationsstufen und entfaltete eine segensreiche Lehrtätigkeit.[26]

innere Haltung des Sich-Entleerens von Regungen der Selbstbezogenheit geübt werden, die *bitul hayesh*, Selbstauslöschung (self-nullification) , genannt wird.

26 Siehe ihre spannende Autobiografie: Ayya Khema, Ich schenke Euch meine Liebe, Jhana-Verlag (2007).

Was das Judentum anbelangt, so wird in der *dewekut*, die nichts mit einem Festhalten an einem abstrakten, sublimierten, projizierten oder totalitären Popanz zu tun hat, eine Kraft frei und Freiheit selbst zu einer Kraft. *Dewekut* bedarf einer inneren Einstellung, die authentisch ist. Die Gebärde sowie die spirituellen Hilfsmittel, um sie aufzurufen, werden individuell sein, je nach inneren und äußeren Bedingungen, je nach Veranlagung und spiritueller Pflege. Die Gebärde selbst ist nicht „kompliziert". Wie aber ruft man sie auf? Was ich im Folgenden schildere ist nicht die Gebärde als solche, sondern sind Anbahnungen oder auch meditative Entfaltungen, die, aus Anregungen der Tradition gewonnen, Hilfsmittel sein können. Es sind Weckrufe des Ich: willenskräftige, zugleich erkennende und durchfühlte Vergegenwärtigungen.

Schiwiti JHWH lenegdi tamid – Ich halte mir JHWH allzeit im Bewusstsein (Ps.16,8). Ich visualisiere dabei nicht die Buchstaben des Tetragrammatons (das ist eine andere Übung). Ich stelle mir auch sonst nichts vor. Ich rufe die Aufrechte in innerer Wachheit auf, die ich je schon von dort her habe. In der Rangordnung der verschiedenen Gottesnamen, die in der jüdischen Tradition erklingen, ist der allerhöchste, der gerade noch ausgesprochen werden kann, jenes *Ehje ascher Ehje* – als Ich-Instanz wesender, offener Prozess. Wir haben gesehen, dass ein Missverständnis vorliegt, wenn das, was hier gemeint ist, zur Substanz und zum Substantiv gerinnt. Was noch weiter darüber hinaus geht, hat eigentlich keinen nennbaren Namen mehr: es öffnet sich ein Grund und Ungrund, das *en-soph* – das Unbegrenzte – nicht aussprechbar, nicht erkennbar, nicht anbetbar. „Über alles hinaus was Preises Zungen je Sang gesungen, je Klang geklungen, je Trost erschwungen in dieser Welt Worte" heißt es im Kaddisch,[27] dem großartigen, herzinniglichen, weltenmächtigen jüdischen Preisungsgebet. In diesem fundamentalen Text wird keiner der spezifischen Gottesnamen genannt. Unaus-

27 Nach der Übersetzung von Franz Rosenzweig.

gesprochen aber schwingt der Heilige Name JHWH mit. Er nimmt in relevanten Lehrschulen des spirituellen Judentums eine Mittelstellung in der Hierarchie der Namen ein: zwischen *Ehjeh* an der oberen Spitze und *Adonai* am unteren Ende. Er steht im Herzen des Lebensbaums. „Von dem Namen *Ehjeh* strahlen alle Arten Nahrung aus, die vom Urquell kommen, der das Unbegrenzte (*en-soph*) ist. Dann schreitet es fort durch eine Reihe Schritte hindurch bis es den gesegneten Namen JHWH erreicht. Von dem Namen JHWH fließen alle spirituellen Kanäle und der Strom wird an den Namen *Adonai* übermittelt," heißt es im *Sha'are Orah* (Pforten des Lichts) von Rabbi Josef Gikatilla[28]. Und im Hinblick auf die Wirkung, die der rechten Kontemplation der heiligen Namen folgt, hören wir dort: „Es steht geschrieben: ,Ich will ihn erheben, denn er kennt meinen Namen.' (Psalm 91,14). Der Vers sagt nicht: ,Ich will ihm antworten', sondern Ich will ihn erheben'."[29] So ist JHWH als zentraler Sammelpunkt der betenden und meditierenden Intentionalität, der *kawanah*, nach oben und unten hin offen – eine Chiffre, die selbst nie ausgesprochen wird, sondern im Lesen und Beten durch *Adonai*, Herr, sonst aber durch *HaSchem*, „Der Name", ersetzt wird.

Erst jenseits aller Benennungen wird man dem Geheimnis zugeführt, an den Grenzmarken des Bewusstseins. Was man da erfährt, ist innere Umkehr – spirituelle *t'schuwa*. Und von da her werden Verhärtungen des Herzens gelöst, werden die Entscheidungen angeregt, in Treue bis in den Alltag hinein als Gesinnung, Wort und Tat fortzusetzen, was aus Grund und Ungrund je und je hervorbricht: die Kraft grenzenloser, allumfassender Liebe.

28 Rabbi Josef Gikatilla (1248-1323), der in Spanien lebte, gilt als einer der größten Meister der Kabbala. In seinem Werk *Shaarey Orah*, das auch einen großen Einfluss auf die christliche Kabbala und auf eine Reihe okkulter Schulen des Abendlands hatte, sind in den scheinbar spekulativen Darstellungen zugleich Übungshinweise enthalten. Den 10 Sephirot, den Aspekten Gottes, werden 10 verschiedene Gottesnamen zugeordnet. Wir beschränken uns hier auf die drei zentralen.

29 Zitiert nach Aryeh Kaplan, Meditation and Kabbalah, York Beach, ME 1982.

Das Judentum als Abbild der Menschheit im Kleinen

Franz Joseph Molitors Philosophie der Geschichte

Die positive Hinwendung zu den jüdischen Wurzeln des Christentums ist eine der herausragenden Erscheinungen der Theologie der letzten 50 Jahre. Katholiken wie Protestanten, sogar progressive Vertreter der Orthodoxie, schauen heute mit Staunen auf das tief in den Gesinnungsformen und Anschauungsweisen jüdischer Eigenart verankerte Sprechen und Wirken Jesu und der Apostel. Urteile und Vorurteile, die seit frühchristlichen Zeiten bis in die Mitte des 20. Jahrhunderts gängig waren, werden in den Kreisen der *mainstream*-Theologie neu überdacht.

Es ist nicht mehr selbstverständlich, das Jüdische im Christentum unterzubewerten, im Gegenteil. Auswüchse wie etwa die völkische Konstruktion eines arischen Jesus (die in rechten Kreisen immer noch kursieren und die nicht erst in der Hitlerzeit entstanden sind) erscheinen als indiskutable Ideologie. Es gibt eine Abgrenzungslinie zwischen Christentum und Judentum, die seit sehr langer Zeit weit über die sachliche Bezeichnung bestehender Unterschiede hinaus breit und deutlich markiert worden ist. Dieses Markieren hat immer wieder einen fast zwanghaften Charakter angenommen („wahre Religion der Freiheit" hier – „bloße Gesetzesreligion" dort, und anderes mehr). Christlicherseits werden nun endlich neue Zugangswege zum Judentum gesucht, weil offenbar empfunden wird, wie im Rückgang auf die Wurzeln die eigene Position vertieft werden kann. Bisher glaubte man, eher durch die oft proklamatorisch vorgetragenen, echten oder vermeintlichen Unterschiede dem Eigenen zu dienen. Die Wende der letzten Jahrzehnte dürfte, abgesehen von einigen sentimentalen oder modebedingten Übertreibungen, als Zeichen einer wachsenden Ich-Kompetenz gewertet werden, die es nicht nötig hat, sich einseitig selbst zu überhöhen (eine im Übrigen wenig christliche Haltung).

„Wenn du dich dennoch brüstest, so bedenke: Nicht du trägst die Wurzel, sondern die Wurzel trägt dich," heißt es zur Frage des fortwährenden Erwähltseins der Juden in den Römerbriefen des Paulus.[30]

Kann ich „Ja" zu dem sagen, was mir gegenüber steht – zumal es zu meinem Ursprung und meinem Schicksal dazugehört – statt meine Position durch Abwertung des Anderen scheinbar zu verbessern, dann entsteht eine produktive Situation: Es findet Entwicklung statt. Einfühlsam sucht etwa die katholische Theologin Verena Lenzen Tiefenschichten des Judentums auf, wenn sie ein so zentrales und schwieriges Thema jüdischer Existenz wie „Kiddusch HaSchem" (Heiligung des Namens) aus jüdischen Voraussetzungen untersucht.[31]

Bei solchen und ähnlichen Forschungsansätzen geht es nicht um Gleichmacherei oder Verwischen von Unterschieden zwischen den Religionen. Es wird vielmehr eine neue Weise des Wahrnehmens und Verstehens erübt. Zwischen einer toten, abstrakten, scheinbar neutralen akademischen Religionswissenschaft einerseits und dem Selbstrechtfertigungszwang konfessioneller oder weltanschaulicher Apologetik andererseits tut sich so ein dritter Weg auf. Er erfordert eine Tugend der Aufmerksamkeit, die mit dem Worten Toleranz oder Offenheit nicht hinreichend charakterisiert ist. Ich halte das Wort *Anerkennung* hier für das passendste. Anerkennung ist mehr als bloßes Dulden, bei dem man sich auf das Wesentliche des Anderen und Andersartigen nicht einzulassen braucht, sondern dem Geduldeten bloß allgemein ein Existenzrecht einräumt. Anerkennen heißt: aufmerksames, erkennendes Achten und Fördern dessen, was im Anderen das Seine ist. Es ist gut, sich gelegentlich an ein Wort Goethes zu erinnern, das zu wenig beherzigt wird: „Toleranz sollte eigentlich nur eine vorübergehende Gesinnung sein: sie muss zur Anerkennung führen. Dulden heißt beleidigen."[32]

30 Röm. 11,18

31 Verena Lenzen, Jüdisches Leben und Sterben im Namen Gottes. Studien über die Heiligung des göttlichen Namens (Kiddusch HaSchem), München 1995

32 J. W. Goethe, Maximen und Reflexionen.

Christlicher Antijudaismus

Die hier angedeutete Entwicklung ist verhältnismäßig neu. Sie hat freilich ihre Vorläufer. Sie setzt aber deutlich und für ein breiteres öffentliches Bewusstsein – zumindest in gebildeteren Schichten – erst in dem Augenblick ein, wo die Gräuel der Shoa auch die Eliten innerhalb der Kirchen zu radikalem Umdenken veranlassen. Jetzt werden Aspekte neu entdeckt, die quer zu einer anderthalb Jahrtausende alten Denk- und Empfindungsweise liegen. Diese alten, sehr verbreiteten Anschauungen, die in den seelischen Habitus vieler christlicher Völker übergegangen sind, haben tiefe und tragische Spuren innerhalb der Zivilisationszusammenhänge hinterlassen, die vom Christentum geprägt sind. Man kann sie etwa folgendermaßen zusammenfassen:

Durch die Tatsache der Inkarnation Gottes in Jesus Christus wird die Erwählung des jüdischen Volkes hinfällig. Die Auserwählung geht auf das christliche Kirchenvolk als „neues Israel" über. Ihr Ort ist die Kirche als mystischer Leib Christi. Die Mission der Juden ist beendet. Eine extreme Version dieser Lehre sieht die Juden als Volksgemeinschaft vom Heilsplan ausgeschlossen. Das ganze Volk hat die Schuld am Tode Christi unwiederbringlich zu tragen. Aus diesen Gedanken, die als heilsgeschichtliche Fakten festgeschrieben werden, ergeben sich weitreichende Konsequenzen: Die „starrköpfigen" Juden werden als „Gottesmörder" kollektiv bis in die rechtlichen und wirtschaftlichen Bereiche hinein diskriminiert, zuweilen verfolgt, vertrieben oder ermordet. Juden verachtende Formulierungen finden früh sogar Eingang bis in die katholische Karfreitagsliturgie hinein; erst Papst Johannes XXIII. hat die diesbezüglichen Wortlaute aus dem Messritual entfernt.[33] Die wichtigsten heilsgeschichtlichen Texte im Neuen Testament aber, die auf die unaufhebbare Erwählung des jüdischen Volkes auch *nach* dem Kommen des Christus Jesus mit bildhafter Prägnanz Kunde geben – Kapitel 9 bis 11 der Römerbriefe – wurden

33 Die Wiederaufnahme der Fürbitte, die Juden mögen Christus anerkennen, durch Papst Benedikt XVI. löste heftige Diskussionen aus.

übergangen, unterschlagen, uminterpretiert. Die Folgen können heute in ihrer Tragweite kaum überschätzt werden. Entfremdung und Feindschaft haben sich innerhalb der abendländischen Kultur im Laufe der Spätantike und des Mittelalters bis in die Neuzeit hinein zwischen Christen und Juden festgesetzt. Die Kluft, die zwischen den nur oberflächlich christianisierten Heidenvölkern und den in uralten Traditionen weiterlebenden Juden geschaffen wurde, ist einer der Indikatoren für die tragische Dialektik des historischen Christentums selber. Nur zu oft haben die Lehrer des offiziellen Christentums in jenem trüben Wasser gefischt, das der katholische Historiker Friedrich Heer den „Christuskomplex" nennt, der tiefenpsychologisch dem Antijudaismus und Antisemitismus zu Grunde liegt. Heer schaut auf den Antisemitismus von Christus her und interpretiert ihn als einen Verdrängungs- und Übertragungsvorgang: Weil der an die eigene höhere geistig-moralische Instanz gehende Anspruch Christi vom niederen Menschen nicht befolgt wird, projiziert der oberflächlich Christianisierte sein eigenes Versagen unbewusst auf das messianische Trägervolk und macht es zur Ursache allen Übels.[34] Antijüdisches Ressentiment, auch schon Befangenheit und Unverständnis gegenüber dem Judentum, lassen sich durch die ganze Geschichte des Christentums hindurch verfolgen. Es sind Spuren davon auch im Umkreis der anthroposophischen Bewegung zu finden. Viele – in anderer Hinsicht durchaus hervorragende – Vertreter des Christentums sind nicht frei davon gewesen. Selten nur findet sich in der Schar der Autoritäten christlicher Welt- und Lebenslehre über die Jahrhunderte hin einer wie der russische Philosoph Wladimir Solovjov, der den unreflektierten Konsens des Antijudaismus durchbricht und Wege sucht, dem zu seiner Zeit „real existierenden" Judentum Sinn, Funktion, Berechtigung zuzuschreiben, nicht nur aus „Toleranz", sondern in Anerkennung der spezifischen Aufgabe dieser Strömung im Konzert der Weltreligionen. Das Umdenken ist erst im Anfang, und es ist keineswegs abgeschlossen.

34 Friedrich Heer: Gottes erste Liebe. 2000 Jahre Judentum und Christentum. Genesis des österreichischen Katholiken Adolf Hitler. München und Esslingen 1967

Franz Joseph Molitor – eine Entdeckung

Es ist deshalb sinnvoll, auf einen großen Unbekannten des deutschen Idealismus hinzuweisen, der in einzigartiger Weise eine Reise zum Mittelpunkt des spirituellen Judentums antrat und aus seiner intimen Kenntnis jüdischer Überlieferung Brücken baute, die die „theologische Wende" der zweiten Hälfte des 20. Jahrhunderts geistig voraus nimmt. Er repräsentiert wohl auch ein Stück jener „deutsch-jüdischen Symbiose", die zu seinen Lebzeiten in den Anfängen war und die mit der Katastrophe des Nationalsozialismus – zumindest auf dem physischen Plan – zunächst gescheitert ist. Es handelt sich um Franz Joseph Molitor (1779-1860), Gymnasiallehrer in Würzburg und Frankfurt, Autor einer vierbändigen *Philosophie der Geschichte oder über die Tradition in dem alten Bunde und ihre Beziehung zur Kirche des neuen Bundes, mit vorzüglicher Rücksicht auf die Kabbalah,* die er zwischen 1827 und 1853 publiziert hat.[35] Das Werk gehört zweifellos zu dem „verschütteten Schrifttum" des 19. Jahrhunderts, das die Impulse der Goethezeit weiter fortentwickelt und das durch den aufkommenden Positivismus und Materialismus später in die Vergessenheit gedrängt wird. Rudolf Steiner hat seinerzeit auf die Wichtigkeit dieser Denker hingewiesen und angemahnt, sich mit ihnen zu befassen. Meines Wissens ist aber Molitor sowohl Steiner als auch den anthroposophischen Forschern, die in diese Richtung gearbeitet haben, unbekannt geblieben. Dabei sind Molitor und sein Werk – es lässt sich belegen – zu seiner Zeit, wenn auch nicht geradezu berühmt, so doch hoch geschätzt und in den gebildeten Kreisen anerkannt gewesen. Gerade die esoterische Ausrichtung seines Denkens hätte den Blick anziehen sollen; oder musste erst abgewar-

35 Die Begegnung des jungen Gerschom Scholem kurz vor dem Ersten Weltkrieg mit dem Werk Molitors gab entscheidenden Anstoß zu dessen Zuwendung zur Kabbala. Scholem, der übrigens das Scheitern der deutsch-jüdischen Symbiose früh vorausahnte, wurde in Israel zum unumstrittenen Gründervater der modernen Kabbalaforschung. In der hebräischen Fassung seiner Autobiographie „Von Berlin nach Jerusalem" schreibt der hochbetagte Scholem noch 1982, dass Molitor „die Kabbala besser verstand, als die größten jüdischen Autoritäten seiner Zeit."

tet werden, dass auch innerhalb der anthroposophischen Bewegung jene Wende – mit Verspätung – zur Kenntnis genommen wird, die in christlich-konfessionellen Kreisen längst angefangen hatte wirksam zu werden?[36]

Ich wende mich also Franz Joseph Molitor zu, um ihn gleichsam als Kronzeugen christlicher Fähigkeit zu spiritueller Anerkennung und Würdigung des Judentums aufzurufen. Ich habe damit keineswegs die Absicht, den Leser auf seine Ideen einzuschwören. Noch weniger ist beabsichtigt, die halb theologische, halb philosophische Sprechweise Molitors als für unsere Zeit sinnvoll zu propagieren. Ich glaube aber, dass die Auseinandersetzung mit ihm fruchtbar zur Klärung eigener Einsichten sein kann. Molitor ist ganz offensichtlich mehr als nur ein Kuriosum, mehr als einer jener verstiegen-mystischen Eigenbrötler, wie es sie in der deutschen Geistesgeschichte in Fülle gegeben hat. Seine Lebensarbeit vollständiger Hingabe an die Erkenntnis des inneren Zusammenhanges von Judentum und Christentum aus den hebräischen Quellen heraus ist, neben manchem durchaus Veralteten, wegweisend für eine Erneuerung religiösen Denkens in die Zukunft hinein.

Molitor denkt andächtig. Er ist religiöser Denker im besten Sinne, dessen Wort anregend auf jene verborgene Fähigkeit wirkt, die in uns jenseits der Trennung zwischen Glauben und Wissen liegt. Das mag „vormodern" anmuten. In Wirklichkeit liegt aber ein Keim von Zukunft in dieser Denkweise. Einzigartig steht sein lebenslanges Lernen da, das er in unmittelbarem Kontakt mit den Trägern des orthodoxen Judentums praktiziert hat. Wer von der Bedeutung weiß, die im traditionellen Judentum die sogenannte mündliche Thora besitzt, wird einen Gewährsmann in Sachen Judentum, der an dieser Unterweisungsart teilgehabt hat, besonders zu schätzen wissen. Seine Kenntnis von Torah, Talmud und Kabbala ist für einen

36 Zu dem eigentümlichen Fortleben der alten Einstellungen innerhalb anthroposophischer Zusammenhänge, siehe den Aufsatz, den ich unter dem Pseudonym Samuel Ichmann publiziert habe: Was Gott ist... oder auch nicht. Aufzeichnungen eines jüdischen Waldorflehrers. Info3 Juni 2000

Nicht-Juden ungeheuer. Wer allerdings die Talmudisten und Kabbalisten waren, bei denen er in jener ersten Hälfte des 19.Jahrhunderts 40 Jahre lang studiert hat, lässt sich wohl kaum noch ermitteln. Wie im Halbdunkel scheint der menschlich-kulturelle Zusammenhang zu verschwimmen, in dem dieser philosophische Schriftsteller seine Entwürfe zu einer Geschichtsauffassung gestaltet, die durch die Wärme, innige Wahrheitsliebe und Glaubenssicherheit auch heute noch – auch heute wieder! – ansprechen. Sicher ist, dass er in rabbinische Kreise Aufnahme gefunden hat, die in unmittelbarer Nähe seines süddeutschen Wohnsitzes auch esoterische Überlieferungen pflegten. *Dass* der gläubige Katholik und praktizierende Freimaurer überhaupt das Vertrauen orthodoxer jüdischer Gelehrter gewinnen konnte, *wie* das geschah – es wird wahrscheinlich eine offene Frage bleiben müssen. Reizvoll wäre es auch, etwas von den Intentionen jener Kabbalisten zu erfahren, die diesen Christen in eine Lehre eingeführt haben, die selbst in den eigenen jüdischen, ja selbst rabbinischen Kreisen nicht jedermann zugemutet wurde. Zu spärlich sind die Dokumente, um sich ein genaues Bild darüber zu verschaffen, ja auch um nur ein Charakterbild jenes außergewöhnlichen Mannes zu zeichnen. Und reizvoll wäre es, könnte man erfahren, was jene Rabbiner wohl zu dem monumentalen Werk gesagt haben mögen, das der ziemlich mittellose christliche Gelehrte in akribischer Arbeit und mit Unterstützung bedeutender Gönner wie Schelling und Baader schließlich vorgelegt hat.

Trotz seiner intimen Beziehung zu der jüdischen Orthodoxie, in deren Kreisen er noch an lebendige spirituelle Tradition anknüpfen konnte und deren Lebensweise er aus diesem Grund verteidigt, blieb übrigens Molitor zugleich auch aufgeschlossen gegenüber dem Reformjudentum, das sich in seiner Zeit vor allem in Deutschland herausbildete.

Philosophie der Geschichte als Philosophie des Judentums

Molitors großes, vierbändiges Werk ist Vieles auf einmal: Es enthält eine voll durchgeführte Geschichtsphilosophie, bringt philologische Untersuchungen zur hebräischen Terminologie, Zeittafeln und Kataloge konsultierter Quellen. Es ist in vielen Passagen Erbauungsbuch im besten Sinne des Wortes. Zunächst ist es aber ein Kompendium kabbalistischer Lehre, die mit großer Sicherheit in dieser Form in Deutschland bis dahin nicht zugänglich war. Das Werk wurde denn auch in der gebildeten Welt allseits geschätzt, gab es doch Auskunft über Aspekte jüdischer Überlieferung, die erst viel später in den Gesichtskreis traten und als relevant eingeschätzt wurden: der esoterischen Lehre der Kabbala, die oft in aufklärerischem Eifer auch jüdischer Gelehrter des 19. Jahrhunderts unterschätzt oder als gnostische Importware, die dem Judentum fremd sei, verunglimpft wurde.

Es gab freilich immer auch eine kleine Gemeinde philosophischer Freunde esoterischer Überlieferungen. Molitors Werk konnte offenbar als Standardwerk auch solchen philosophischen Bearbeitern der kabbalistischen Literatur dienen wie Adolphe Franck,[37] die durchaus direkt an Quellen arbeiteten. Die vielen Betrachtungen Molitors zur Überlieferung Israels, exoterisch und esoterisch, werden allerdings nicht „religionswisssenschaftlich“ in einem Stil abgehandelt, wo der kalte, scheinbar objektive Forscherblick Lehrgut, Mythos, Ritus und eben auch Geheimlehre von außen her untersucht. Molitor vertritt ganz offensichtlich die jüdisch-kabbalistische Sache als die seine, denkt mit ihr, in ihr, durch sie hindurch. Für ihn ist das Gesamt der Geschichte und Religion Israels bis zum heutigen Tag lebendig. Die Kabbala aber wird gleichsam als deren „Seele der Seele“ (wie es im *Sohar*, dem großen kabbalistischen Sammelwerk, heißt), als Zentrum eines heilsgeschichtlichen Stroms erfasst, dessen Ursprung in

37 Adolphe Franck: Die Kabbala oder die Religionsphilosophie der Hebräer. Leipzig 1844, Reprint-Verlag Leipzig o. J.

der Uroffenbarung der Menschheit selber zu suchen ist. Das Weisheitsgut, das der adamitischen Menschheit offenbart wurde und durch vorgeschichtliche und geschichtliche Epochen hindurch in stetig sich wandelnder Form weitergegeben wurde, ist in ihr anwesend. Die Überlieferung selber wird zum Schlüssel, die den Sinn der Geschichte, nicht der jüdischen und christlichen allein, sondern von Geschichte überhaupt, erschließt.

Molitor trägt die Lehren, Begriffe, Mythen, die er aus dem Fundus der jüdischen Tradition holt, in zweierlei Weise vor. Er führt in die Wortbedeutungen zentraler Ausdrücke, in Anthropologie, Kosmologie und Hermeneutik von Talmud und Kabbala umfassend ein. Dabei gibt er eine Fülle von Quellen an, die nur orthodox-jüdischen Kreisen zugänglich waren (und noch heute sind) und wertet sie im Sinne seiner Darstellung von Geschichte aus. Er führt diese weitgehend unbekannte Denkweise aber dann – vor allem im vierten Band seines Werkes – über in eine spekulative Begriffsbildung, die aus dem deutschen Idealismus stammt. Es ist jener an Schelling und Baader anknüpfende Stil, in dem Esoterik und Mysterienwesen in der abstrakten Sprechweise des deutschen Idealismus zum Ausdruck kommt. Deutscher Idealismus ist ja undenkbar ohne den Boden jener Untergrund-Philosophie, die in Jakob Böhme, in Gottfried Arnold, in Oetinger und Bengel so eigentümlich nah an die kabbalistische Denkweise rückt, dass einem deutschen Philosophen jener Zeit seitens eines Kabbalisten gesagt wurde, er als Deutscher und Christ habe ja mit Böhme im Wesentlichen das Gleiche was auch die Kabbala zu sagen habe. Trotz dieser untergründigen Verwandtschaft, die einem Denker wie Jürgen Habermas nicht entgangen ist,[38] blieben aber die meisten deutschen Idealisten ihren Anschauungen über das Judentum durchaus in den alten Schemata befangen.

38 J. Habermas, Der deutsche Idealismus der jüdischen Philosophen. In: J. Habermas. Philosophisch-politische Profile, Frankfurt a. M. 1983.

Die klassischen deutschen Idealisten und die Juden

Die Sonderstellung Molitors wird gerade dann deutlich, wenn man sich die durchweg negative Einstellung der klassischen deutschen Idealisten zum Judentum vor Augen hält. Ich bringe im Folgenden einige Zitate, die diese Tendenz belegen. Sie zeigen, wie bei ihnen die alte theologische Denkweise noch wirksam ist und sich in virulenten antijüdischen Äußerungen manifestiert. Schon Kant kann offensichtlich dem Judentum und den Juden wenig abgewinnen. Die Juden sind für ihn „eine Nation von Kaufleuten ..., deren bei weitem größter Teil durch einen alten, vom Staat darin sie leben anerkannten Aberglauben verbunden (ist), keine bürgerliche Ehre sucht, sondern diesen ihren Verlust durch die Überlistung des Volkes, unter dem sie Schutz finden, und selbst ihrer untereinander, ersetzen wollen." Es findet sich in diesem Zusammenhang sogar das unselige Wort von der Euthanasie. Kant hat es freilich offensichtlich nicht im physischen Sinn verwandt, für das heutige Ohr aber klingt es höchst befremdlich, wenn es bei ihm heißt: „Die Euthanasie des Judentums ist die rein moralische Religion, mit Verlassung aller alter Satzungslehren."[39] Auch bei Fichte steht ein Satz, für den er heute vielleicht knapp dem Vorwurf entgehen würde, ein „exterminatorischer Antisemit" (D. Goldhagen) zu sein, weil der Satz, den ich gleich zitieren werde, offenbar metaphorisch gemeint ist. Den eines „geistigen Brandstifters" (Ignaz Bubis) hätte es ihm ganz sicher eingebracht: „Ihnen die Bürgerrechte zu geben," ruft er aus, „dazu sehe ich wenigstens kein Mittel als das: in einer Nacht ihnen alle Köpfe abzuschneiden und andere aufzusetzen, in denen auch nicht eine jüdische Idee steckt."[40] Hegel – den wir, trotz seiner sonstigen Vorzüge, hier nicht verschonen können – notiert in vollständiger Blindheit gegenüber der geistigen Dimension des Judentums und

39 I. Kant, Religion innerhalb der Grenzen der bloßen Vernunft. Zitiert nach Rolf E.Schütt: Von der jüdischen Philosophie zur deutschen Philosophie und zurück. S. 9, Essen 1992. Zu diesem Thema, siehe auch: Micha Brumlik, Deutscher Geist und Judenhass, Lichterhand Literaturverlag 2002.

40 J. G. Fichte: Beiträge zur Berichtigung der Urteile der französischen Revolution. Schütt S. 9.

jüdischer Menschen, in seinen Jugendschriften: „Jesus: Am Haufen der Juden musste der Versuch scheitern, ihnen das Bewusstsein von etwas Göttlichem zu geben; denn der Glaube an etwas Großes kann nicht im Kote wohnen. Der Löwe hat nicht Raum in einer Nuss; der unendliche Geist nicht Raum in dem Kerker einer Judenseele."[41] Für den späteren Hegel sind die Juden bestenfalls Steigbügelhalter des durch den Weltgeist in den Sattel gehobenen Christentums. Immerhin hat er im späteren Werk das Judentum als eine „Religion der Erhabenheit" schließlich gewürdigt. Auch für ihn ist das Judentum letztlich aber als solches weltgeschichtlich überwunden. Auch beim späten Schelling, der doch Molitors Werk geschätzt und gefördert hat, finden sich merkwürdige Sätze wie der folgende: „Ja, das eigentlich Typische des Mosaismus ist das Heidnische (sic!)."[42]

Molitor unterscheidet sich radikal von den im alten Habitus die Judenfrage weiterdenkenden Großphilosophen. Statt sich dem unreflektierten Trieb des Abgrenzens, Ausgrenzens und Verunglimpfens zu überlassen, nimmt er die von Paulus in Römer 9 – 11 verkündete ewige Sendung des Judentums rückhaltlos ernst. Mag Israel – Molitor transkribiert in großer Pietät alle hebräischen Namen in der Originallautung und orthographiert Jisraäl[43] – auch von Blindheit geschlagen sein; mögen die Juden auch verkennen, dass in Jesus der von ihnen erwartete Maschiach (Messias) bereits erschienen ist: Israel bleibt doch das Gottesvolk, das Er bis zum Ende als das Seine auserwählt hat. Diese ganze Tendenz durchzieht das großangelegte Werk und bildet den Leitfaden seiner Geschichtsphilosophie.

41 G.W.F. Hegel, Theologische Jugendschriften. Schütt S.10.
42 F.W.J. Schelling, Philosophie der Offenbarung. Schütt S.10.
43 „ Die tief bedeutungsvollen Namen der Schrift sind hebräisch auszusprechen" (F. J. Molitor, Philosophie der Geschichte I).

Aus der „Philosophie der Geschichte" von Franz Joseph Molitor. *Ideen und Wortlaute*

Als Abschluss und Ergänzung dieses als Hinweis und Anregung gedachten Beitrags möchte ich einige Hauptideen Franz Joseph Molitors zusammenfassen und einige charakteristische Sätze aus seinem großen Werk im Wortlaut wiedergeben. Es liegt mir daran, dem Leser die Möglichkeit zu geben, Inhalt und Stimmung des Originals, wenn auch herausgebrochen aus dem Textfluss, lesen zu können. Diese Sätze haben ihren ganz eigentümlichen Stil gläubiger Innigkeit und rückhaltloser Wahrheitsliebe. Die Gediegenheit von Molitors Denken und Darstellen tritt allerdings nur im Gesamtzusammenhang deutlich hervor. Man kommt aber an Molitors Werk nicht leicht heran. Die vier Bände der *Philosophie der Geschichte* sind nur in der ergänzten Neuauflage 1853 in wenigen Exemplaren zugänglich. Eine Neuauflage oder ein Reprint ist seither, soviel ich sehen kann, nie veranstaltet worden.[44]

Paradigmatisches Judentum: die Menschheit im Kleinen

Für Molitor steht Geschichte, Volk und Überlieferung Israels beispielhaft für die historische Entwicklung der ganzen Menschheit sowie der spirituellen Entwicklung des einzelnen Menschen.

> *„Die Geschichte der mündlichen Überlieferung bei dem Volke Jisraäl ist zugleich jene der geistigen Führung und Entwicklung derselben. Ursprung und Führung dieses Volkes bilden den Hauptstrom und Mittelpunkt für die Geschichte der gefallenen Menschheit überhaupt."*

44 Bei Google-Books kann die zweibändige erste Auflage von 1834 des Werks eingesehen werden. Zur weiteren Orientierung über Werk und Bedeutung Molitors, siehe: Christoph Schulz, Franz Joseph Molitors Philosophie des Judentums, in: Menora, Jahrbuch für deutsch-jüdische Geschichte 1995, München 1995.

„Jisraäl, als ein Abbild der Menschheit im Kleinen, stellt uns in der Geschichte seiner Auserwählung und successiven Führung den allgemeinen Entwicklungsgang des innern mystischen Lebens überhaupt dar."

Von Adam bis Abraham – das Zentralmysterium der Menschheit

Von Adam bis Noah ist der Strom der Uroffenbarung in der ganzen Menschheit in der Fülle der Völker wirksam. Durch den Abfall der Noachiden wird es notwendig, den Kern der Urüberlieferung aus der Gesamtheit herauszunehmen, und als Esoterik zu verwalten, die einer Familie – der Abrahams – anvertraut wird. Aus dem Lehrhaus des Sem wird in Abraham und seiner Nachkommenschaft jenes Kontinuum konzentriert, das geeignet ist, das Wesentliche der Uroffenbarung in die Zukunft hinüberzutragen.

„In den Mysterien der Kinder Schems blieb (...) die monotheistische Urlehre am reinsten. Dennoch erschien sie auch hier entstellt als Naturkultus..."

„Die Familie, welche in dem großen mystischen Menschen das edelste Zentralorgan und gleichsam den innersten Lebenspunkt darstellt, war das Geschlecht von Schem und Eber."

„Die Linie von Schem und Eber bilden gleichsam die Lebenslinie der ganzen Menschheit."

Molitor wird, in eigenartiger Umkehrung der bei Christen sonst üblichen Einschätzung, nicht müde, die Vorzüge der Semiten gegenüber den Japhetiten, also der indogermanischen Völker zu betonen. Sie, die in die Weite und Breite, in die äußere Tat hineingehen, wiewohl nicht ohne an einem Rest der Uroffenbarung teilhabend, sind, wegen der Sünden der Noah-Kinder, nicht in der Lage, Träger des Zentralmysteriums der Menschheit zu sein. Dies ist nur durch

Schem und dessen Nachkommenschaft möglich. Denn im Zuge der postdiluvialen Entwicklung, in der die Menscheit in ihr Jugendstadium tritt (nach einem Geschichtsschema, dass Kindheit, Jugend, Reifezeit und Alter als Stufen zugrunde legt) hat Noah das Bewusstsein der Individualität eingeläutet. Er erkennt „seine vom All unterschiedene Individualität". Aber der Abfall seiner Nachkommenschaft von der gottgewollten Entwicklungslinie zwingt die geistige Menschheitsführung, jene Sonderung vorzunehmen, die über Sem und Eber in die abrahamitische Mysteriengemeinschaft mündet. Für Molitor ist diese Erwählung geschehen

> *„ in Hinblick auf die künftige Erlösung und der Sammlung der zertrümmerten Glieder des großen Menschen, der als neuer übernatürlicher Mensch neu aufgerichtet werden soll..."*

> *„Hätte das Menschen-Geschlecht nach der Sündflut nicht zum zweiten Mal gesündigt, und sich von Gott abgewendet, so wäre die Kirche Gottes nicht für Jisraäl allein, sondern für die ganze Menschheit errichtet worden, die alsdann einen einzigen Leib gebildet hätte."*

So aber wird jene Sonderung zur heilsgeschichtlichen Notwendigkeit, die freilich als Funktion für die ganze Menschheit zu verstehen ist, denn:

> *„Hätten die Kinder Noachs nicht gesündigt, so würden die siebenzig Geschlechter das heilige Land als gemeinschaftliches Eigentum erhalten haben, und die ganze Erde wäre nach und nach in einen paradiesischen Zustand verwandelt worden."*

Die Offenbarung auf dem Sinai – Wirken des Heiligen Geistes

Eine große Dichte bekommen Molitors Formulierungen bei dem Versuch, die Bedeutung der Offenbarung auf dem Sinai in seine philosophische Sprache einzubringen. Für ihn ist

„...die Sinai-Offenbarung eine Ausgießung des Heiligen Geistes."
Sie steht in exakter Korrespondenz zur Pfingstoffenbarung der Jünger nach dem Tod und der Auferstehung Christi. Sie ist die

„...Wiederherstellung des Ur-Gesetzes, das in den Seelen getrübt wurde in seiner wahren Reinheit."

„Im Gesetz vom Sinai und in der Geschichte des Volkes Gottes (ist) die Kirche Christi samt der ganzen Zukunft bis zum Ende der Tage vorgebildet."

Das Spätjudentum: Keine Veräußerlichung
Die weitere Entwicklung Israels wird über Josua, die Richter bis zu David , die Propheten, die Babylonische Gefangenschaft und die Reformen Esras und Nehemias als fortschreitende Mysterienveröffentlichung geschildert, wobei jeder Station ein besonderes gesetzmäßiges Moment innewohnt. Die scheinbare Intellektualisierung und Kodifizierung der Spätzeit ist nur die notwendige Außenseite eines wachsenden Inneseins der göttlichen Substanz und sollte nicht als bloße Veräußerlichung interpretiert werden.

„Wenn wir das Zeitalter Esras von diesem höheren Gesichtspunkt aus betrachten – dass das Volk Jisraäl nur scheinbar Rückschritte gemacht, in der Tat aber zu einer inneren höheren Stufe seiner Erziehung vorgeschritten ist."

„Obwohl mit menschlicher Schwäche behaftet: die Maßregeln tragen göttliches Gepräge. Wie sonst hätte auch der Maschiach verstanden werden können?"

„Religiöse Belehrung und Herzens-Erbauung machte ursprünglich ein wesentliches Element im Juden- wie im Christentume aus. Hiedurch unterscheidet sich diese von Gott geoffenbarte Religion

wesentlich von allen anderen Religionen des Altherthums. In den heidnischen Religionen ist überall das Esoterische vom Exoterischen scharf getrennt; (...). Im Judenthum aber war das Esoterische vom Exoterischen nur leise geschieden, und von dem einen zum anderen ein leichter stufenweiser Übergang eröffnet."

Aus diesem Grunde ist das Judentum nach Auffassung Molitors zu progressiver Entwicklung fähig, wobei Molitor hier, wie überall in seinen allgemeinen Charakteristiken dieser Religion, stets auch die nachchristliche Zeit im Auge hat. Ausdrücklich wird von Molitor die Ansicht zurückgewiesen, das Judentum sei eine bloße „Gesetzesreligion", eine über Jahrhunderte bis in die jüngste Vergangenheit hinein innerhalb des Christentums weitergegebene Auffassung.

„Im Zeitalter des leidenden Maschiach" – nachchristliches Judentum

Das Schicksal des Judentums als paradigmatisches Menschheitsvolk schlechthin wird schließlich auch und gerade im Anblick von Kreuzestod und Nicht-Anerkennung in ein neues Licht gerückt. Ein großes Kapitel der „Philosophie der Geschichte" trägt den Titel: „Die Fortleitung der Tradition in dem Zeitalter des leidenden Maschiach." Der Christ Molitor bedauert zwar die Zurückweisung der Messianität Jesu durch die Juden. Er weigert sich aber, in innerer Folgerichtigkeit seines christlich-eschatologischen Denkens, daraus die Folge zu ziehen, das Judentum sei dadurch aus dem heilsgeschichtlichen Zusammenhang der Erlösung durch Jesus Christus ausgeschlossen. Genau das Gegenteil ist für ihn der Fall. Die Nicht-Anerkennung gehört als solche, gerade in ihrer abgründigen Tragik unmittelbar zur Ökonomie des Heils als ihr intimster Teil dazu. Auch in dieser Hinsicht lebt Israel als kleine Menschheit dem christlichen Bewusstsein und der christlichen Existenz etwas vor, was sie zur eigenen Erkenntnis und Läuterung brauchen.

„Die Ursache, warum das Volk Gottes den Eckstein des Baues verworfen hat, liegt viel tiefer verborgen. Es ist ein tiefes, furchtbares Geheimniß, welches nicht blos die Juden, die ihn kreuzigten, sondern die ganze menschliche Natur demüthigen, und mit Entsetzen vor ihr selber erfüllen muß.“

„Gott hüllte die Prophezeiung des Maschiach in räthselhaftes Dunkel ein, um einst seine Erkenntnis dem freien inneren Zuge des Menschen zu überlassen.“

„Die Tödtung des Gott-Menschen ist so abscheulich, als daß sie eine individuelle Tat sein könnte. Das jüdische Volk stellt uns vielmehr einen Spiegel dar, worin wir uns alle selbst erblicken. Jeder natürliche Mensch verwirft und kreuzigt immerfort Christus den Herrn.
Theilen wir also lieber freiwillig die Schuld mit den Juden, statt dieselben wiederholt anzuklagen. Indem wir die Schuld einzig und allein auf das jüdische Volk wälzen, so stellen wir uns als die Gerechten dar, wähnend, als hätten wir an ihrer Stelle es besser gemacht; solches aber ist ein Greuel vor dem Herrn.“

Der innere Maschiach

Molitors Meditationen über Heilsgeschichte und Heilsweg in der„Geschichte der Philosophie“ kulminieren schließlich in Worten, in der ein spirituelles Christusverständnis aufleuchtet, das jede Differenzierung von Juden und Nicht-Juden hinter sich lässt.[45] Diese Worte bedürfen wohl keines weiteren Kommentars.

„Der natürliche Mensch, sei er Jude oder Nichtjude, verlangt nur einen natürlichen Maschiach, keinen geistigen.“

45 Eine in wesentlichen Zügen inhaltlich identische Darstellung der von Molitor geschilderten zentralen Erfahrung findet sich – ohne expliziten Bezug zur jüdischen Frage - bei Rudolf Steiner: „Bausteine zu einer Erkenntnis des Mysteriums von Golgatha“ GA 175, Vortrag vom 24. April 1917. Dornach 1982, S. 326 ff.

„Der innere geistige Maschiach wird nur aus der geistigen Ohnmacht erkannt.“

„Nur das Aufsichnehmen gibt schließlich Einsicht und Fähigkeit, den geistigen Christus wahrhaft zu erkennen und aufzunehmen.“

Buddhismus und Bewusstseinsseele

Affinitäten der Lehre Buddhas zum Ideal modernen Bewusstseins

Es ist deutlich, dass das jüdisch-christliche Erbe heute von zwei Seiten her herausgefordert wird. Von innen her schreitet der Zerfall seiner überlieferten Wertsetzungen und Bezugspunkte fort. Deren Tragfähigkeit und Überzeugungskraft schwinden im Zuge eines Kulturwandels, der alle Bereiche ergriffen hat. Von außen her setzt sich der wachsende Einfluss orientalischer Lehren und Schulungsmethoden durch, die für suchende Menschen vielversprechende Alternativen bereithalten. Zwei Aufgaben werden durch diese doppelte Herausforderung akut: Erstens wird es notwendig, Ursache und Sinn der Krise der eigenen Überlieferungen mit Verständnis zu durchdringen. Damit verbunden wächst das Bedürfnis, ihren Wahrheitskern theoretisch und praktisch wiederzugewinnen. Zweitens ist es erforderlich, den Gehalt der orientalischen Weisheitslehren und Religionen selber, aber auch den Stellenwert ihres fortschreitenden Einfließens in die abendländische Kultur, sachgemäß zu interpretieren.

Ich möchte hier versuchen, anhand eines besonderen, aber wichtigen Aspekts auf die Konvergenz zeitgenössischer Geisteshaltung und buddhistischer Praxis aufmerksam zu machen. Es lässt sich zeigen, dass Motive innerhalb der Lehre des Buddha in innerer Affinität zur Moderne stehen. Wird diese Wahlverwandtschaft erkannt, so wird evident, dass das kulturgeschichtliche Zusammentreffen dieser Motive mit dem Geist des Abendlandes alles andere als zufällig ist.

Um dies deutlich zu machen gehe ich von einem Begriff aus, der zum Bestand des ursprünglichen Buddhismus gehört, wie er in den Sammlungen des Pali-Kanon überliefert ist. Dieser Begriff steht für eine Bewusstseinshaltung, die als *satisampajañña* charakterisiert wird. Es handelt sich um eine Gebärde aufmerksamer Verfügbarkeit, die Hermann Beckh mit dem Ausdruck „besonnene Bewusstheit" übersetzt hat.[46] Diese Haltung ist zunächst die des Buddha selber, der, wie die Schriften zu berichten wissen, an jedem Tag seines Lebens in vollkommener Weise *sato* (besonnen) und *sampajano* (bewusst) war. Sie ist aber auch, auf einem minderen Grad der Vollkommenheit, die Haltung, die der Schüler in jede Handlung, jeden Blick, jede Bewegung hineinzutragen und deren Qualität sich in alle Lebensvollzüge fortzusetzen hätte: Sprechen und Schweigen, Wachen und Schlafen, Arbeit und Meditation. Diese Bewusstseinshaltung steht in innerer Nähe zu derjenigen, die als *sammasati* (Rechte Haltung) in der Formel des Achtgliedrigen Pfades festgehalten ist. In dieser Grundqualität ist der Weg des Schülers fundamental veranlagt. Bereits die Aufnahme und Aneignung des *dharma*, der Lehre, ist mit der Einübung jener besonnenen Bewusstheit verschränkt: Alles soll von dem Lernenden – und diese Aufforderung geht der Tradition nach auf den Buddha selber unmittelbar zurück – aufmerksam untersucht werden, sogar die Belehrungen des Erwachten selber.

Der Schüler ist von Anfang an gehalten, Beobachtungen zu machen und Begriffe zu bilden, die sich auf seine eigenen Bewusstseinszustände beziehen. Nur gewissermaßen sekundär spielt Glaube (*saddha*) eine Rolle: nicht allerdings als bloß intellektuelle Zustimmung zu einer katechetischen Formel, sondern im Sinne vertrauender Offenheit, die zur Aufnahme der Belehrung notwendig ist.

Auch das Wachsen und Werden der wichtigsten Tugenden – *metta* (Liebe), *karuna* (Mitleid), *mudita* (Mitfreude) und *upekkha* (Gleichmut) – baut auf jener wachen Besonnenheit auf. Bis hin zur letzten Verwirklichung des Pfades in *nirvana* wird jene Wachsamkeit die Schritte des Suchenden zu lenken haben. Jenes letzte, dem sprachlichen Ausdruck sich entziehende Ziel mag selber - soweit überhaupt möglich – als das Vollständigwerden jener Bewußtheit charakterisiert werden, die, ohne Rest, als „Leere" (*sunyata*) realisiert wird.

46 Hermann Beckh, *Buddhismus* (Buddha und seine Lehre), Bd.2, Leipzig 1916, S. 37.

Der auf diese Weise gewonnene Ausgangspunkt zeigt sofort seinen durch und durch modernen Charakter. Nichts wird, genau betrachtet, vorausgesetzt, es sei denn Fähigkeit und Wille zur Beobachtung von Bewusstseinsphänomenen. Aus diesem Grund ist es auch nicht verwunderlich, wenn bedeutende Vertreter der buddhistisch-tibetischen Tradition mitteilen, dass der Buddhismus sich selbst nicht in erster Linie als Religion versteht, sondern als „innere Wissenschaft" oder „Wissenschaft vom Geist".[47] Wer durch Kultur und Überzeugung die eigenen abendländischen Wurzeln anerkennt und bejaht, kann die Entdeckung dieses Aspekts des Buddhismus zu einem entscheidenden Einschnitt im eigenen Erkenntnissuchen erleben. Er blickt auf eine Qualität, die in intimem Bezug zur eigenen Bewusstseinsstruktur steht. Diese fordert ja grundsätzlich und mit unvermeidlicher Radikalität ein Element von Erfahrung und Autonomie ein. Wer sich in der Wahrheitsfrage nicht selbst widersprechen will – auch und vor allem in Fragen der Religion – muss diesem Element voll Rechnung tragen. Schon eine oberflächliche Untersuchung der Grundprinzipien der großen religiösen Überlieferungen der Menschheit zeigt nun, dass nur der Buddhismus über eine „Eingangstür" verfügt, die derart radikal jedweder Vorbedingung entbehrt. Keine von ihnen stellt in so nüchterner Weise Erfahrung und Empirie in den Mittelpunkt ihrer Methodik.

Durch diese Bemerkung werden Sinn und Auftrag der sogenannten Offenbarungsreligionen – Judentum, Christentum, Islam – übrigens in keiner Weise in Frage gestellt. Die großen Offenbarungen, die uns Abendländer in besonderer Weise angehen – Sinai und Golgatha – haben ihre Wirklichkeit in einer Dimension des Seins und der Seele, die ihnen eigen ist. Die Aufgabe, die ihnen im Prozess der Menschheitsentwicklung zukommt, und der Ruf, der durch sie auch heute noch an den einzelnen Menschen geht, werden allerdings nicht mehr durch die alleinige Autorität der heiligen Schriften, der

47 Kyabdje Kalou Rinpoche (1904 – 1989) in: La voie du Bouddha selon la tradition tibétaine, Paris 1993, S. 35ff.

Kirchen und der Synagogen verbürgt. Dem leistet das im Zivilisationsprozess und in der Bewusstseinsstruktur des heutigen Menschen wirksam gewordene Freiheitsprinzip Widerstand. Es besteht daher die Notwendigkeit, einen Ort im Geiste aufzusuchen – jenen inneren Sinai, jenes innere Golgatha – wo sich die Offenbarung dem individuellen Bewusstsein als Gegenwärtigkeit ergibt.

Geistesgegenwart, die zur unmittelbaren Zeugin der spirituellen Substanz einer gegebenen Offenbarungsreligion wird, bedarf aber eben individueller Akte wacher Aufmerksamkeit, wie sie in der oben charakterisierten Gebärde des *satisampajañña* zum Ausdruck kommt. Es besteht freilich kein Zweifel daran, dass sich in den mystischen und esoterischen Strömungen auch der abrahamitischen Religionen überall jenes Element vergegenwärtigender Erfahrung finden lässt.[48] Aber nirgends außer im Buddhismus sind, wie mir scheint, das im Alltag psychologisch Gegebene und Beobachtbare unmittelbar als Prämissen der Religionsausübung zu Grunde gelegt worden. Freilich hat der Buddha gerade deshalb ganz bestimmte fundamentale Fragen des Daseins bewusst aus dem Bereich des *dharma* ausgeklammert, indem er sich weigerte, sie zu beantworten. Wer über sie Aufschlüsse sucht, wird sie anderswo als in der Buddhalehre suchen müssen.

Es ist nebenbei anzumerken, dass auch der Buddhismus Formen devotionaler Religionsausübung entwickelt hat, die an Äußerlichkeiten gebunden sind. Die historischen Ausgestaltungen, die er angenommen hat, sind, wie auch bei anderen religiösen Traditionen, mit Archaismen und regionalen Eigenheiten durchsetzt. Sie können eventuell das Interesse für ferne Kulturen anregen, ohne unbedingt eigene tiefere Fragen zu berühren.

Im zentralen Bereich spiritueller Wegbahnungen, die sich auf „seelische Beobachtungen nach naturwissenschaftlicher Metho-

48 Ein Beispiel aus der jüdischen Tradition: „Was heißt „heute“ (*hayom haze*)? ... So muss man es verstehen: Moses sprach zu Israel: die Tora soll euch so teuer sein, dass jeder Tag für euch der Tag selber der Offenbarung sei. (*Keliou bayom hazé quibaltam otah mehar Sinaï*) (Traktat Tanhuma).

de“ gründen wollen – ich benutze hier bewusst den Untertitel von Rudolf Steiners *Philosophie der Freiheit* – scheinen aber sowohl die Prämissen des Buddhismus als auch ihre erkenntnispraktischen Vollzüge in sehr großer Nähe zu den Bedürfnissen und Fähigkeiten moderner Mentalität zu stehen. Alles weist darauf, dass diese große geistige Strömung des Orients in sich einen Keim trägt, der sich künftig als wesentlicher Beitrag zur Bewusstseinsentwicklung auch des Westens entpuppen dürfte. Vorboten gegenseitiger Befruchtung von Christentum und Buddhismus gibt es allenthalben, man denke etwa an das Werk des Psychotherapeuten Karlfried Graf Dürckheim oder an die Schriften des Trappistenmönches Thomas Merton. Vieles weist darauf hin, dass aus dem spirituellen Untergrund geschichtsbildender Wirksamkeiten Kräfte in Gang gesetzt sind, die den weltgeschichtlichen Beitrag Buddhas an die Oberfläche des Geisteslebens heben wollen.[49]

Damit werden dem heutigen Menschen Handreichungen geboten, Eigenstes zu ergreifen. Gerade das Prinzip des *satisampajañña* erweist sich in dieser Hinsicht als ein fruchtbarer Ausgangspunkt, welcher der inneren Situation jedes Zeitgenossen in intimer Weise entspricht. Ist seine seelische Situation nicht geradezu durch „Bewusstheit“ definiert? Hat nicht die anthroposophische Geisteswissenschaft zur Charakterisierung der tragenden Seelenschicht der Neuzeit den Terminus „Bewusstseinsseele“ – sicherlich wohlüberlegt durch ihren Begründer – bereitgestellt? Besteht nicht eine der Grundfähigkeiten der Bewusstseinsseele darin, auf Bewusstseinsphänomene blicken zu können? Und wird diese Gabe der Beobachtungsfähigkeit nicht in subtiler Weise gefördert, wenn sie sich in der Gebärde besonnener Bewusstheit zu jener Stimmung steigert, in der Ruhe und Wachheit sich gegenseitig durchdringen?

Die besonnene Bewusstheit, auf die durch den Terminus *satisampajañña* gedeutet wird, ist zweifellos eine universelle Qualität.

49 Auch in den spirituellen Bestrebungen innerhalb des Judentums heute sind deutlich buddhistische Einflüsse zu verzeichnen.

An und für sich bedarf es keines Bezugs zu einer gegebenen Tradition, um sie sinnvoll und wirksam zu praktizieren. Wer sie durch eigene Intuition und Selbsterziehung ergreift und pflegt, darf sich glücklich schätzen. Ich selber gestehe, an der kleinen Statue eines meditierenden Buddha, die mich seit vielen Jahren begleitet, eine gute Hilfe zu besitzen, um mir jene Haltung in Erinnerung zu rufen. Für denjenigen, der auf Wegen wandelt, die durch Anthroposophie skizziert sind, wird die beschriebene Qualität übrigens zu einer der grundlegenden Tugenden[50] sowohl im Studium wie in der Übungspraxis. Vor allem beim Erarbeiten der Texte Rudolf Steiners ist es angesagt, jene *satisampajañña* zu praktizieren. Bleibt sie aus, so verwischt sich sehr leicht die Grenze zwischen dem, was intellektuell verstanden und dem, was spirituell realisiert wird. Die Diskrepanz zwischen diesen beiden Ebenen wird dann übersehen, verdrängt oder in innerer Selbstbespiegelung überspielt. Derjenige, der Opfer einer solchen Verwechslung ist, baut sich dadurch Hindernisse auf dem Weg spiritueller Entwicklung auf. Darüber hinaus wird so im Vollzug anthroposophischen Studierens ein unterschwelliges Element des Dogmatismus zugelassen, das dem Wesen dieses Weges vollständig fremd ist. Manches, was als Stagnationen in Entwicklung und Wirksamkeit des anthroposophischen Impulses in der Welt schmerzhaft wahrgenommen wird, dürfte mit diesem Problem im Zusammenhang stehen. „Man muss sich der Idee erlebend gegenüber stellen, sonst gerät man unter ihre Knechtschaft" – dieser Satz aus der *Philosophie der Freiheit* scheint mir sowohl für den Umgang mit Anthroposophie selber wie für die Wiedergewinnung des Kerns großer spiritueller Traditionen der Menschheit von ausschlaggebender Bedeutung zu sein.

Zum Schluss scheint es mir angebracht, darauf hinzuweisen, dass

50 Das Wort Tugend scheint angebracht angesichts der Verwandtschaft von *satisampajañña* mit der *prudentia* in der christlich-abendländischen Tugendlehre des Thomas von Aquino. *Prudentia* („Klugheit") als Grundtugend ist bei Thomas Voraussetzung der drei anderen Kardinaltugenden Gerechtigkeit, Tapferkeit und Maß. Siehe: Josef Pieper, *Das Viergespann*, München 1964. – Was das Judentum anbelangt, so wird man wohl auf den Begriff da'at zu schauen haben: intuitives „Wissen" höherer Art, das auch einen Bezug zur alltäglichen Lebenspraxis hat.

die oben beschriebenen Beobachtungen durch die Geistesforschung Rudolf Steiners offenbar eine Bestätigung finden. Den okkulten Untersuchungen Steiners zufolge wohnt der Lehre Buddhas die Qualität der voll entwickelten Bewusstseinsseele ihres Begründers inne. Freilich ist die Zeit, in der sie formuliert wurde, noch diejenige der Verstandes- oder Gemütsseele – die griechisch-römische Zeit, die in der theosophischen Klassifizierung Steiners auch als 4. „nachatlantische" Kulturepoche bezeichnet wird. In der Bewusstseinsverfassung des indischen Volkes, in dessen Mitte der Buddha erscheint und lehrt, leben daneben auch starke Nachwirkungen noch früherer Bewusstseinsstufen. Daher sind der Unterweisungsform vor allem des frühen Buddhismus – die als Lehrreden des Erwachten überliefert worden sind – sowohl Züge eigen, die mit der Empfindungsseele zusammenhängen (die bildhaft-konkreten Wiederholungen) als auch solche, die Logik und Rationalität der Verstandesseele widerspiegeln (in den Begriffsketten und analytischen Verfahrensweisen). Der eigentliche Kern der Lehre aber weist weit voraus in die Zeit hinein, in der die Bewusstseinsseele in allen Menschen voll zur Entfaltung kommen wird: in unsere.

So gesehen dürfte folgende Mitteilung des Geistesforschers nicht nur im Sinne rückschauender Geschichtsbetrachtung wertvoll sein, sondern ebenso als vergegenwärtigendes Eingedenken, wo das Wirken des Buddha nicht in erster Linie als „orientalisch", „buddhistisch" oder „vorchristlich" erscheint, sondern in der menschheitlichen Dimension, die ihm – von je her, und heute mehr denn je – eigen ist:

„Wenn der Boddhisattva wirklich der Buddha der vierten nachatlantischen Kulturepoche werden sollte, dann musste er etwas Zukünftiges bringen. Jetzt wird der Mensch durch seine Bewusstseinsseele, wenn sie sich entwickeln wird, reif werden, nach und nach aus sich selbst das zu erkennen, was der Buddha als einen großen Anschlag gegeben hat. Es musste der Buddha in der Zeit,

wo die Menschheit nur erst die Verstandes- oder Gemütsseele entwickelt hatten, schon die Bewusstseinsseele entwickelt haben. (...) der Buddha hatte die Aufgabe, im fünften bis sechsten Jahrhundert vor unserer Zeitrechnung die Bewusstseinsseele hineinzutauchen in die menschliche Organisation."

Rudolf Steiner GA 116 :
Der Christusimpuls und die Entwicklung des Ich-Bewusstseins,
Berlin 25. 10. 1909. Dornach 1961, S. 20 – 21.

Die Jesus-Sutras

Vorläufer einer integralen Ost-West-Begegnung

Vor einigen Jahren fiel mir in Budapest die ungarische Version eines sonderbaren Buches in die Hände: *Die Jesus-Sutras* von Martin Palmer. Das ursprünglich auf Englisch geschriebene Buch ist damals auch in deutscher Übersetzung erschienen.[51]

Ich habe, das gebe ich offen zu, das Buch erst gar nicht kaufen wollen. Gerade einige Minuten zuvor hatte ich nämlich in derselben Buchhandlung ein anderes Buch, in dem Jesus von Nazareth als Zen-Meister dargestellt wird, befremdet ins Regal zurückgestellt. Waren diese „Jesus-Sutras", die ich jetzt in Händen hielt, etwas Ähnliches? Was sollte da, unter dem buddhistischen Sutra-Begriff, über Jesus zum Besten gegeben werden? Weil ein moderner Autorenname darüber stand, meinte ich zuerst, eine im New-Age-Stil vermittelte esoterische Botschaft vor mir zu haben. Muss man unbedingt, so etwa ging es mir durch den Sinn, Jesus und die Christos-Logos-Lehre, die mit ihm zusammenhängt, durch Angleichungen an Buddhistisches im Allgemeinen oder an Zen im Speziellen spirituell salonfähig machen, statt sie zu nehmen, wie sie sind?

Nicht, dass ich etwas gegen Buddhismus oder Zen hätte. Im Gegenteil: Was wären wir heutigen Westmenschen ohne deren weckende Signale? Vom bloß erträumten oder jenem Mode-Zen, der sich allenthalben feilbietet, halte ich mich allerdings, so gut es geht, fern. Im ursprünglichen Zen – dem chinesischen Chan des 7. – 8. Jahrhunderts – wurde radikaler Individualismus vorgelebt: Kein Meister gleicht dem anderen. Warum muss man dann aber Jesus, der Jahrhunderte früher und fernab in Judäa und Galiläa so unvorher-

51 Martin Palmer: Die Jesus-Sutras. Die wiedergefundenen Evangelien und Kultstätten des taoistischen Christentums in China. München 2002. Die englische Ausgabe erschien 2001 im Verlag Ballantine Wellspring, New York.

sehbar gewirkt hat, in irgendwelche Typologien hineinpressen? Jesus als Kabbalist, Exorzist, Anarchist, als Guru, Gammler oder Gerechtigkeitsapostel: Vieles wurde und wird gesagt – und hat regelmäßig eklatant das Inkommensurable seines Wesens und Wirkens völlig verfehlt. Oder ist gerade dies Inkommensurable, nicht Messbare, jeder konventionellen Norm enthobene – „Zen"? Mag sein. Man nenne es wie man will, aber man behalte tunlichst im Auge, dass Laotses lapidarer Satz: „Das Tao, das genannt werden kann, ist nicht das wahre Tao" auch für andere „Chiffren" allemal gültig bleibt, nicht nur für „Tao", sondern auch für „Zen", „Christus" oder meinetwegen die „Seinserfahrung".

Im Übrigen: Die perspektivischen Fluchtlinien, auf denen sich solche Chiffren großer spiritueller Menschheitstraditionen bewegen, mögen auf einen gemeinsamen Punkt zulaufen. Dass das der Fall ist, scheint mehr als wahrscheinlich, und ist auch, so meine ich zu sehen, mehr als bloß ökumenisches Wunschdenken. Für einen vorschnell formulierten Mischmasch aber geben weder die historischen Ausgangspunkte noch die „Sprachen" und mentalen Kontexte der verschiedenen Traditionen, erst recht nicht der individuelle Glanz ihrer Meister und Propheten, begründeten Anlass.

Die „Jesus-Sutras" habe ich dann aber doch gekauft. Ich hatte nämlich beim Durchblättern bemerkt, dass es sich um ganz Anderes handelte: um etwas sehr Unerwartetes und Spannendes, nämlich um Originaltexte eines Christentums, das sich im 7. Jahrhundert in China – just zu der Zeit, als dort auch Chan seine erste Blüte hatte – etabliert und entfaltet hatte. Das waren zweifellos authentische Dokumente einer weitgehend unbekannten christlichen Spiritualität, die, in Fragmenten verstreut, vom Autor gesammelt, historisch eingeordnet, übersetzt und interpretiert worden sind;[52] einer Spiri-

52 1907 entdeckte man in einer Höhle von Dunhuang an der Seidenstraße in China tausende von Schriften, die aus der Zeit der Tang Dynastie (618 – 906 n. Chr.) stammten - eine versiegelte Geheimbibliothek mit Rollen, Büchern, Gemälden und Kunstwerken. Ein Teil davon waren christlich, die größeren Teile taoistisch und buddhistisch. Der japanische Professor Saeki von der Waseda Universität Tokio war der erste, der die christlichen Schriften vom Chinesischen ins Englische übersetzte. Seine nur fachwissenschaftlich publizierten Übertragungen gerieten wieder in Vergessenheit. Erst im Jahre

tualität, die er kühn, aber nicht unbegründet, „taoistisches Christentum“ nennt. Und dieses Christentum war – das wird sofort sichtbar – in seinem Habitus radikal anders, als jenes, das wir im Westen als Katholizismus und Protestantismus, im Osten Europas als Orthodoxie kennen. Auch mit der ägyptisch-vorderasiatisch geprägten christlichen Gnosis haben diese Texte wenig gemein. Sie sind durch und durch „chinesisch“.

Das musste meine Neugier wecken. Seit Jahren kreisten meine Gedanken um die Frage, ob sich Christentum – ich meine dessen Wesensmitte – bloß „griechisch“ oder „römisch“, gar „deutsch“ oder sonst wie „abendländisch“ legitim zum Ausdruck bringen kann, oder ob es auch etwa „hebräisch“ – aus dem inneren Habitus jüdischer Spiritualität heraus – wirkliche Wege zu eben dieser Wesensmitte gibt. Die Antwort, die ich mir geben musste, lautete: ja, diese Möglichkeit gibt es.[53] Dann aber, so folgerte ich weiter, müsste Entsprechendes auch im Medium anderer kultureller Anschauungsformen, anderer „Geistidiome“ möglich sein, zum Beispiel eben „chinesisch“ – nicht als „Kaffee Mélange“, sondern als genuiner Zugang. Was, so fragte ich mich damals, wäre wohl etwas wie ein „taoistisches“ Christentum? Genau so hatte ich es mir formuliert. Und jetzt kam mir ausgerechnet dieser Ausdruck im Untertitel von Palmers Publikation Schwarz auf Weiß entgegen! Natürlich konnte ich das Buch nicht einfach in jener Budapester Buchhandlung stehen lassen.

Tao-Buddha-Christus-Konnex

Nun gibt es aber doch, das ist mir klar, fundamentale Berührungspunkte zwischen Haltungen, die, in Worten Jesu und solchen, die

2001 traten diese Texte in eine breitere Öffentlichkeit, als der englische Sinologe und Theologe Martin Palmer das hier besprochene Buch mit einer Neuübersetzung der Schriften und seinen Entdeckungen in China herausbrachte.

53 Siehe dazu den Aufsatz „Was Gott ist oder auch nicht“, den ich unter dem Namen Samuel Ichmann in der Zeitschrift info3, 6/2000 publiziert habe.

in der Spiritualität Chinas zum Ausdruck gekommen sind. Alan Watts, der christlicher Geistlicher und ein früher Vermittler von Zen im Westen gewesen ist, hat darauf hingewiesen, wie nahe sich an bestimmten Punkten die Haltung des ursprünglichen chinesischen Zen (oder Chan) und der Ethos Jesu stehen. „Darüber kein Dach, den Kopf zu bedecken; darunter keine Spanne Boden für die Füße," lautet eine bekannte Zen-Sentenz: „Die Füchse haben ihre Gruben, und die Vögel unter dem Himmel haben ihre Nester; aber des Menschen Sohn hat nicht, da er sein Haupt hinlege," heißt es im Evangelium. Watts vertrat in seinem Denken und seinen Schriften etwas, was er „Weisheit des ungesicherten Lebens" nannte: das Bewusstsein und die Zuwendung zu eben jenem Inkommensurablen, das in kein System hineinzubringen ist, weil es jedes System im Vorhinein sprengt. Das hat in der Tat mit den Jesus-Sutras Einiges zu tun. Denn sie rufen wiederholt das „Tao" auf, jenen Begriff, den wir vorhin schon, als wir aus dem „Tao-Te-Ching" zitierten, ins Spiel gebracht haben. Und der ist nicht weniger inkommensurabel, als das, was wir von Zen und Jesus gesagt und zitiert haben. Sieht man sich einmal die Fülle von Varianten an, mit dem dieses Wort allein schon in den zahlreichen Übersetzungen des Tao-Te-Ching vorliegt, nimmt man dann die Tatsache dazu, dass der Ausdruck „Tao" weit über den philosophischen und den volkstümlichen Taoismus hinaus im Orakelbuch *I Ching*, im Konfuzianismus, im Chan-Buddhismus gebräuchlich war, so ahnt man dessen umfassende Dimension als Grundbegriff chinesischer Spiritualität. Als ähnlich reichhaltige Chiffre der Transzendenz kommt ihm als Gegenstück in einer anderen „Traditionskette" vielleicht nur der Ausdruck „Logos" gleich, jener Logos, der im Griechentum, dann bei dem hellenisierten Juden Philo von Alexandrien und schließlich im Johannesevangelium eine so prominente Rolle spielt.

Wobei es auch hier nicht darum gehen kann, solche Chiffren vorschnell und unbedacht einfach als identisch zu setzen. Die Kongruenz im Spiel ihrer Beziehungen liegt tiefer, als das, was der

Alltagsverstand, auch der akademische, „identifizieren“ bzw. unterscheiden kann. Solche Chiffren sind nur auf meditativen Wegen zu erschließen. Erst auf dem „geheimnisvollen Weg nach Innen“ (Novalis) zeigen sich Identitäten und Differenzen, Zusammenklänge, Dissonanzen und Variationen so, wie sie in Wirklichkeit sind. Wichtig in unserem Zusammenhang ist, dass es ein historisch „real existierendes“ Christentum in China gegeben hat, in dem offenbar Tao als Chiffre der Platz zukam, der im Westen (zu dem ich in diesem Zusammenhang Byzanz und die Orthodoxie hinzuzähle) der Logos eingenommen hat.

Zugleich ist auch Folgendes bedeutsam: dass eben auch die andere, fast gleichzeitig von auswärts nach China kommende Spiritualität, der Buddhismus, den Tao-Begriff assimiliert hat. Allan Watts hat in seinem seinerzeit viel gelesenen Buch über Zen[54] überzeugend gezeigt, wie stark die Tao-Lehre, die ursprünglich chinesisch ist, für die Herausbildung des Buddhismus, insbesondere des Zen, in China ausschlaggebend war. Von dem „taoistischen Christentum“, von dem hier die Rede sein wird, hat er offenbar nichts gewusst.

Um letzterem etwas näher zu kommen, ist ein Blick auf diesen „Tao-Buddha-Konnex“ aber wichtig, denn die Anschauungsformen dieses sonderbaren, verschütteten Christentums sind sowohl von Buddhistischem wie auch von Taoistischem geprägt. Das Wort „Sutra“, das in China übernommen wurde, ist indisch und wird im Buddhismus wie im Hinduismus verwendet. Lehrreden sind gemeint, das Wort stammt aus dem Sanskrit, bei den Theravada-Buddhisten heißt es in der Pali-Sprache „Sutta“. Die Texte, die „Jesus-Sutras“ genannt werden, haben stilistisch viel mit den Lehrtexten des Mahayana-Buddhismus gemein. Dieser Mahayana-Buddhismus, aus Indien kommend, enthielt eigentlich eine hochspekulative, intellektuell-dialektische Komponente. Die wurde vor allem im Chan so gut wie ausgeschieden. Man ging ohne spekulative Umwege auf Erleuchtung

54 Alan W. Watts: Zen-Buddhismus. Tradition und lebendige Gegenwart, Reinbek bei Hamburg 1961.

zu, auf die Verwirklichung der „Buddha-Natur", wie sie, der Mahayana-Lehre entsprechend, in jedem Menschen veranlagt ist. Diese Direktheit, dieses unverblümt Illuminative, war aber nicht zuletzt der Begegnung mit dem Taoismus geschuldet. Das Innewerden des Tao jenseits aller Gegensätze, jenseits jeder gedanklicher Dialektik, war klassisch etwa im „Tao-Te-Ching" des Laotse, oder in den Werken des Dschuangtse vorgeprägt. Das entsprach chinesischer Mentalität und Spiritualität. Und in diesen Zusammenhang fällt auch die Korrespondenz von „Tao" und „Leerheit" (shunyata), als Parallelerscheinung zu der erwähnten Korrespondenz von Tao und Logos.

„Leerheit", als Begriff im frühen Buddhismus noch wenig entwickelt, gedieh im Mahayana zur zentralen Metapher. Er wird in China rezipiert, wo eine verwandte Anschauung im Taoismus längst bereitstand: „Dreißig Speichen umgeben eine Nabe: In ihrem Nichts besteht des Wagens Werk. Man höhlet Ton und bildet ihn zu Töpfen: In ihrem Nichts besteht der Töpfe Werk. Man gräbt Türen und Fenster, damit die Kammer werde: In ihrem Nichts besteht der Kammer Werk. Darum: Was ist, dient dem Besitz. Was nicht ist, dient dem Werk." (Tao- Te-Ching, 11. Übersetzung von Richard Wilhelm)
In der „Religion des Lichts", wie sich das chinesische Christentum nannte, heißt es „Im Anfang waren die natürliche Beständigkeit, die wahre Stille und die uranfängliche Leere des Allerhöchsten. Dann erhob sich der Geist der Leere als der Allerhöchste Herr und wirkte auf geheimnisvolle Weise, um die Heiligen zu erleuchten" (Stein-Sutra, Palmer S. 279). Das sind bedeutende Perspektiven. Sie machen darauf aufmerksam, dass auf dem Boden Chinas nicht nur ein Tao-Buddha-Konnex, sondern auch ein Tao-Buddha-Christus-Konnex wirksam geworden ist.

Der seit Urzeiten in allen Sparten des chinesischen „Universalismus" lebendige Tao-Gedanke ging also in den Buddhismus und in das Christentum ein. Diese Assimilierung war keine Eselsbrücke, kein geschickter Trick missionierender Mönche, keine bloß äußerliche Angleichung oder Übersetzung wesensfremder Begriffe (wie

Jahrhunderte später bei den Jesuiten, die in China missionierten). Die inneren Haltungen und Seelengebärden der neuen und der alten Spiritualität traten in eine Symbiose. Die Neuankömmlinge tauchten in die Tao-Spiritualität des alten China ein, saugten auf, was sie sich von ihm anverwandeln konnten. Die Alteingesessenen nahmen neue Impulse in ihre Kultus-, Schulungs- und Lebensformen auf. Dass der Buddhismus Wirkungen auf taoistische Traditionen hatte, ist erwiesen: im taoistischen Klosterwesen, das erst jetzt entstand, oder in Elementen der Meditationspraxis. Wie aber steht es mit jenem Christentum? Hat auch dieses Christentum Einfluss gehabt und wenn ja, dann wie? Es gab, wie Palmer nachweist, nicht nur christliche Klöster, sondern sie standen zum Teil sogar direkt auf heiligen Geländen taoistischer Tradition, unmittelbar neben taoistischen Heiligtümern. Lokale Traditionen haben Erinnerungen daran bewahrt.

Kirche des Ostens

Dieses Christentum ist aber später verschwunden. Die Dokumente – verstreut und wenig erforscht – harren noch einer vertieften Bearbeitung. Und vor allem: was war es wirklich? Wie hat es seine „Wesensmitte" bewahren können? Oder schmolz sich dieses Christentum völlig in buddhistisch-taoistische Spiritualität ein? Und: war das überhaupt noch „christliches" Christentum oder bloß „Synkretismus" – ein im Übrigen schillernder Begriff, der bis heute zur Verketzerung unliebsamer, heterodoxer Strömungen seitens der Dogmatiker aller Konfessionen herhalten muss. Es sind offene Fragen in einer religionsgeschichtlich kaum erforschten spirituellen Landschaft. Palmer tastet sich an diese historischen und theologischen Fragen heran, indem er archäologische Funde, die pluralistische Religionspolitik der Tang-Dynastie und nicht zuletzt die weitgehend verschüttete Geschichte der „Kirche des Ostens" in Asien (nicht zu verwechseln mit der „Ostkirche", der Orthodoxie) unter die Lupe nimmt.

Die „Kirche des Ostens" war kein Monolith. Unter diese Bezeichnung kann eine Vielzahl christlicher Strömungen zusammengefasst werden, die dogmatisch oder organisatorisch weder an Rom noch an Byzanz gekoppelt waren. Anders als diese sind sie nirgends Staatskirche geworden (weshalb die monokephalen, selbstständigen Kirchen Armeniens oder Georgiens nicht zu ihnen zählen dürften). Sogenannte Thomas-Christen gibt es noch heute in Indien. Wir haben auch Kunde von einem untergegangenen tibetischen Christentum. Die „Kirche des Ostens" bewahrte sich etwas vom frühkirchlichen Pluralismus, der ab dem 4.Jahrhundert zu schwinden begann. Es bildeten sich verschiedene Traditionen heraus. In letzten Ausläufern leben sie verstreut bis heute im Nahen und Mittleren Osten. Die bekannteste ist die Chaldäische Kirche im Irak, die dort wegen der Ereignisse der letzten Jahre stark durch Abwanderung ausgeblutet ist. Aus der Geschichte ist vor allem die Nestorianische Kirche bekannt. Sie war unter mongolischen Volksgruppen und unter Turkvölkern verbreitet, auch im Umkreis des berühmten Dschingis Khan. Die Kunde davon veranlasste im Mittelalter die Suche nach dem mythischen Priesterkönig Johannes, der ein christliches Reich in Asien begründet haben soll. Papst Alexander III. schickte sogar 1177 einen Brief in den Orient als Antwort auf ein in Europa zirkulierendes Sendschreiben, das jenem Presbyter Johannes zugeschrieben wurde. Der italienische Franziskanermönch Johannes von Piano Carpini gelangte 1245 in Auftrag von Papst Innozenz IV. in die Mongolei und berichtet von den nestorianischen Uighuren unter den Verbündeten des Großkhans. Und er erhält Nachricht von Christen, die jenseits der Großen Mauer lebten, von denen es heißt, sie glaubten an Jesus Christus, seien aber nicht getauft.

Die Jesus-Sutras und ihr geistig-kulturelles Umfeld sind, wie schon berichtet, viel früher anzusetzen. Missioniert wurde China offenbar von Persien aus. Die Überlieferung spricht von fünf Mönchen unter der Führung eines gewissen Aloupen, die nach China kamen und das Christentum einführten. Die Spuren spezifisch syrischer oder iranischer Spiritualität werden dann aber durch die Assimilation chinesischer Anschauungsformen weitgehend überdeckt. Gefördert wurde dieses Christentum, wie auch der Buddhismus, durch die ersten Kaiser der Tang-Dynastie, die China nach Jahrhunderte langer Zersplitterung schnell und glänzend einigen konnten. In späterer Zeit werden beide „fremden" Religionen durch den streng taoistischen Kaiser Wou-tsang stark bedrängt. Was für die heutige Forschung an originären Dokumenten übrig bleibt, ist dürftig: spärliche Reste einer verfallenen Ikonographie, wie sie Palmer in dem Turm von Da Qin, einer Pagode, die einst offenbar eine Kirche gewesen ist, aufgefunden hat. Und eben die Sutras, die, neben einer Stele, auf der Textpartien zu finden sind, in Schriften, welche zu Beginn des 20. Jahrhunderts entdeckt und dann verschachert worden sind, so dass sie heute meist in Privatsammlungen weltweit verstreut sind, und deshalb der Forschung nur schwer zugänglich blieben.

Anregungen für spirituelles Denken und Üben heute

Traditionen, als Schätze des spirituellen Weltkulturerbes, wollen „geborgen", „gehoben" werden, zumal die verschütteten. Die Absicherung des empirischen Materials ist das eine. Dann aber stehen zwei weitere Fragenkomplexe an. Der erste ist das Eindringen in den Sinngehalt der Überlieferung. Mit Übersetzungen allein, die ohnehin immer Deutungen sind, ist es nicht getan. Der Schlüssel zu ihnen fehlt, der Sinngehalt bleibt rätselhaft. Schon in der an Dokumenten überreichen und hoch entwickelten Ägyptologie steht man vor gewaltigen Problemen, sobald man im Verständnis über Philologie und akademisch akkreditierte Deutungen hinaus an sie herangehen will. Noch kaum ein Forscher hat es etwa gewagt, die Pyramidentexte statt als Totentexte als Einweihungsrituale zu erschließen.[55] Der

55 Eine hochinteressante, weil seltene Ausnahme, bilden die Forschungen von Jeremy Naydler: Shamanic Wisdom in the Pyramid Texts. The Mystical Tradition of Ancient Egypt. Rochester, Vermont

zweite, dringliche und schwierige Komplex ist das In-Beziehung-Setzen alter Spiritualität mit jener, die heute als neues spirituelles Paradigma wirksam wird.

Es gibt esoterische Deutungsrichtungen, die, durch ihre erhaben-statische Auffassung einer stets zeitlos gültigen „philosophia perennis", oder einer „primordialen Tradition", diese Fragestellung als illegitimen Modernismus abtun. Und doch gibt es gute Gründe, die genannte Frage aufzuwerfen. Radikale Traditionalisten wie die Anhänger von René Guénon und Fritjof Schuon stehen dem neuzeitlichen Evolutionsgedanken ablehnend gegenüber, weil er für sie eine Degenerationsform der in ihren Augen einzig wahren Evolution ist: dem vertikalen mystisch-spirituellen „Aufstieg und Abstieg", der sich in zyklischer Zeit spiegelt. Der horizontale, lineare Zeitvektor wird als Illusion und Dekadenz abgelehnt. Das von mir gemeinte In-Beziehung-Setzen von alter und neuer Spiritualität bemüht sich aber um die Synthese von „vertikaler" und „horizontaler" Evolution, um unter dem Stichwort „Bewusstseinsevolution" eine Brücke zwischen Zeitlichem und Überzeitlichem schlagen zu können.

Um diese Synthese, die keine bloß gedanklich-dialektische bleiben darf, durchzuführen – um sie zu „realisieren" – ist nun eine Chiffre von großer Bedeutung, die prägnant erst dem neuzeitlichen Bewusstsein aufgeht. Diese Chiffre ist das „Ich". Damit ist nicht das gespiegelte Ego-Bewusstsein gemeint, sondern das Inkommensurable des Individuellen, das nicht substantiell-statisch, sondern transsubstantiell-dynamisch zu erfassen ist. Mit dem Ausdruck „transsubstantiell" sind zwei Aspekte gemeint. Der eine bezieht sich auf das Wesen des Ich. Es ist weder durch Definition noch als Objekt erfassbar. Der andere bezieht sich auf seine Wirksamkeit. Es steht als „tätige Monade" (Goethe) transformierend im Brennpunkt des Evolutionsprinzips, im Großen wie im Kleinen. Das erscheint mir als zentral für jeden Versuch, heute die Wesensmitte von Spiritualität,

2005. (Der irreführende Ausdruck „schamanistisch" stammt nicht vom Autor, sondern wurde vom Verlag aus Vermarktungsgründen eingefügt.)

gerade aber auch der christlichen, zu erkennen und zu erfahren.

Unter diesen Prämissen zeigen sich alte Dokumente, wie es die Jesus-Sutras sind, in einem spannungsreichen, produktiven Licht. Sie sind frühe Keime, in anderer Bewusstseinslage gelegt, die aber doch – eben als Keime – für die Bewusstseinsfragen unserer Zeit prometheische, voraus weisende Indikatoren sind. Themen klingen an, die im Lichte neuzeitlicher Ich-Realisation anregen, wecken, zu autonomer, spiritueller Erkenntnispraxis anspornen. Ich will einige dieser Themen, die in den Jesus-Sutras eine wichtige Stelle einnehmen, skizzieren.

Da ist zunächst die eindeutige Verknüpfung der Mission Jesu mit *Reinkarnation und Karma*. Die Wirklichkeit der Wiederverkörperung wird in den Sutras als selbstverständlich angenommen. Durch Christus wird der Mensch aus dem Kreislauf der Wiedergeburten (*samsara*) befreit. Hier ist die Kongruenz mit allgemein-buddhistischen Anschauungsformen auffällig. Es ist vertikale Befreiung, aber es klingt auch die heute unentbehrliche Perspektive einer die irdisch-kosmische Schöpfung mitnehmenden und verwandelnden Erlösung mit an, die nicht ein „Schlupfloch" nach oben ist, sondern ein Weg, um innerhalb des Kreislaufs der Wiedergeburten selbst Erlösung zu erfahren – kraft eines Ich-Prinzips, das diese Kreisläufe nicht als bloße Fessel, sondern als Schauplatz des Gottes-Menschheits-Dramas durchdringt. Auch im Mahayana ist etwas von dieser Tendenz unter der Formel „*samsara* ist *nirvana, nirvana* ist *samsara*" wirksam geworden. Dass jenes chinesische Christentum sich einmal zwanglos Reinkarnation und Karma einverleibt hat, widerlegt die engstirnige Haltung mancher Theologen, die wider alle Vernunft und im Widerspruch zu wichtigen Evangelienstellen beharrlich behaupten, Christentum und Reinkarnation seien nicht miteinander zu vereinen.

Ein anderes, wunderbar anregendes Thema der Jesus-Sutras ist die Lehre von den *drei Zufluchten*. Das ist wiederum eine an die Buddhalehre angelehnte Anschauungsweise. Der Buddhist sucht

Zuflucht in den *Drei Kostbarkeiten*: Buddha, Dharma (Lehre) und Sangha (Gemeinschaft). Der Anhänger der „Religion des Lichts" nimmt seine Zuflucht in der Heiligen Dreifaltigkeit: dem Vater, dem Sohn und dem heiligen Geist, der als „Kühle Brise" angesprochen wird. Hier öffnen sich vielfältige Tore zu künftigen Meditationen. Zuflucht suchen meint ja, auch im spirituellen Buddhismus, nicht eine Suche nach äußerlicher Geborgenheit. Schon Hui-neng, der so ungemein bedeutende Sechste Patriarch des Zen, lehrte, dass diese Zufluchten eigentlich ein dreifacher Weg hin zur innersten Geist-Natur des Menschen sind.[56]

Erst recht wird ein spirituelles Christentum auf dem „geheimnisvollen Weg nach Innen" sich heute dem dreifachen Aspekt zuzuwenden haben, in dem sich seine höhere Ich-Natur manifestiert und zugleich verbirgt: in Denken, Fühlen und Wollen. Sie sind die in der seelischen Beobachtung zu durchschreitenden Zugangstore, Brücken oder Furten, durch die das Mysterium der Trinität, des dreifaltigen Einsseins von Mensch und Gottheit, neu erfahren werden können. In diesem Sinne spricht einer der bedeutsamsten, an trinitarisch-christliche Anschauungsformen anknüpfende Meditationstext unserer Zeit, die durch Rudolf Steiner formulierte „Grundsteinmeditation", von „Geist-Erinnern", Geist-Besinnen" und „Geist-Erschauen".

Die „Religion des Lichts" war eine Erleuchtungs- und Übungsreligion. Dass das Christentum dies heute wieder werden möchte, lässt sich an vielen Symptomen ablesen. In den Jesus-Sutras sind Übungsprinzipien angegeben, die, ganz im taoistisch-zenbuddhistischen Stil, durch Negativformeln umschrieben werden. Der Taoismus lehrte *wei wu wei*, das Tun im Nicht-Tun. Hui-neng sprach von „Nicht-Gedanke", „Nicht-Form", „Nicht-Verweilen". Ähnliches, ja zum Teil Identisches finden wir in unseren Sutras. Dort heißt die zentrale Übungsanweisung aus dem Munde Jesu selbst: „Wie könnte man definieren, was jede Definition übersteigt? Deshalb sage ich: Nicht-

56 Das Sutra des Sechsten Patriarchen. Das Leben und die Zen-Lehre des chinesischen Meisters Huineng (638-713). Bern, München, Wien 1989.

Wollen, Nicht-Tun, Nicht-Frömmigkeit, Nicht-Wahrheit". Das sind keine Anweisungen für Passivität, Faulheit, Irreligiosität, Agnostizismus oder Gedankenlosigkeit, sondern paradoxe Überstiegs-Formulierungen. Sie stehen in keinem Widerspruch zu jener höchsten inneren Aktivität, die in der „tätigen Monade" veranlagt ist, sondern weisen auf das hin, was jenseits jeder Dialektik liegt. Heute kann dies durch ein Denken gewonnen werden, das in sich sein ursprüngliches Leben auferweckt:[57] gesteigerte geistige Aktivität, in der sich wahre Gegenwärtigkeit, Zwang- und Absichtslosigkeit einstellt. Das ist das „Tao des Denkens", in dem sich Sinn, Logos und Leben dessen kundtun, was inkommensurable Wesensmitte des Christentums ist – nicht als Theorie, sondern als gelebte Erfahrung. „Diese Lehre ist groß, ihr Wirken ist mächtig. Würde man mich zwingen, sie zu beschreiben, ich würde sie als das Werk des Drei-in-Einem Herrn bezeichnen... Der Wahre Herr der Uranfänglichen Leere hat in absoluter Stille und beständiger Natürlichkeit alle Dinge geschaffen und genährt. Er ist der Schöpfer der Erde und des Himmels. Er nahm menschliche Form an, sein Mitgefühl war grenzenlos. Die Sonne steigt auf, die Dunkelheit ist gebannt, und wir sind Zeugen des wahren Wunders." (Stein-Sutra, Palmer S. 278)

57 Massimo Scaligero: Traktat über das lebende Denken. Stuttgart 1993.

Islamische Theosophie

Eine spirituelle Tiefenströmung des Islam

Durch die vieldiskutierte Regensburger Vorlesung von Papst Benedikt XVI. sind, neben den Fragen zu Gewalt und Zwangsbekehrung im Islam, noch zwei weitere ins Spiel gebracht worden: Die eine betrifft die Transzendenz Gottes, seine unüberbrückbare Ferne. Die andere berührt die Rolle autonomer Vernunft im Hinblick auf religiöse Offenbarung. Benedikt hatte als Beleg für die vermeintliche Vernunftferne des Islam die extreme Position des Philosophen Ibn Hazn angeführt, den wesentlichen Einfluss der griechischen Philosophie auf die islamische Theologie jedoch völlig unerwähnt gelassen. Auch die anschließend erfolgte Erwiderung von mehr als 30 islamischen Würdenträgern aus aller Welt an den Papst ließ diese tiefere Schicht der Philosophie außer Acht. Sind die großen Religionen auf der Ebene ihrer Amtsträger weit weniger dialogfähig, als sie es durch den Einbezug gemeinsamer philosophischer und spiritueller Erfahrungsebenen sein könnten? Für den Dialog der Kulturen sind Antworten auf diese Fragen von großer Bedeutung – nicht nur theoretisch, sondern vor allem im Hinblick auf produktive Begegnung zwischen islamischer Welt und christlichem Abendland.

Ist Gott menschlichem Zugang vollständig entzogen, ist sein Ratschluss im heiligen Buch durch Denken nicht erforschbar und interpretierbar, dann wird er zur diktatorischen Übermacht. Wäre das im Islam der Fall, so gäbe es hier für Freiheit keinen Raum. Islam als Widersacher von Freiheit und Vernunft? Eindeutig scheint immerhin zu sein, dass sich die Mächtigkeit Gottes in der Koran-Offenbarung stark geltend macht. Sie spitzt sich zu – weg vom Trinitätsglauben der Christen und weg von dem göttlichen Mittlertum Jesu – hin zu etwas, was radikaler Monotheismus genannt wird. Die Unterscheidung von drei Personen in der einen Gottheit wird im Islam als unstatthafte „Beigesellung“ gesehen. Jesus ist, wenn auch auf hoher Stufe, Mensch und Prophet, wie es auch Muhammad ist, der wiederum als Siegel der Propheten zu einem privilegierten Status unter allen Vorgängern aufrückt. All dies ist allgemein bekannt. Und es ist gut, wenn man sich die Konturen solcher Formulierungen dann und wann deutlich vor Augen stellt. Es ist aber erforderlich, sie mit Farbe, Leben, Inhalt zu füllen und sie perspektivisch in einen vielschichtigen Zusammenhang zu stellen. Tut man dies, so sprechen diese scheinbar so eindeutigen Lehrbegriffe plötzlich eine andere Sprache. Man steht dann vor der Situation, sich mit ihnen als *Halbwahrheiten* auseinandersetzen zu müssen.

Denn es sind Halbwahrheiten. Und zwar deshalb, weil sie als Formeln des Verstandesdenken verflacht eine mehrdimensionale Realität auf jene unadäquate Projektionsfläche herunterwerfen, auf der es sich selbst bewegt. Offenbarung – ihr Sitz im Leben – lässt sich auf diese Weise nicht erfassen. Nicht die islamische, und auch die jüdische und die christliche nicht.

Auf dem Kulturboden des Abendlandes hat dieses Verstandesdenken heute der traditionell-christlichen Weltauffassung den Boden entzogen. Ein Zersetzungsmoment von Religion – das freilich weltgeschichtliche Notwendigkeit ist, weil sie unumgänglich Freiheitspotentiale freisetzt – hat ausgerechnet im Kontext des christlichen Europa autonomer Vernunft einen bedeutsamen Freiraum geöffnet. Ihn von alter Offenbarungsreligion her wieder eingrenzen zu wollen wäre verhängnisvoll. Hinter die Grenzmarke erlangter Autonomie kann ohne immensen Schaden nicht zurückgegangen werden. Zugleich besteht seither aber gegenüber allem, was Substanz religiöser Offenbarung ist – der eigenen wie der fremden – ein dramatisches Problem.

Diese abendländische Situation hat nicht erst mit der Aufklärung im 18. Jahrhundert eingesetzt, auch nicht erst in der mittelalterlichen Scholastik, – beides Marksteine auf dem Weg der Vernunft zu sich selbst – sondern im Kern viel früher: in der Zeit der ersten ökumenischen Konzile, Nizäa und Chalkedon im 4. und 5. Jahrhundert unserer Zeitrechnung. Dort wurde in Verstandesformeln festgelegt, was als Gehalt des Mysteriums im frühen Christentum gelebte Erfahrung gewesen war, jetzt aber deutlich anfing zu verblassen. Diese Verstandesformeln sind aber paradoxerweise gerade für den logischen Verstand nicht auflösbar. Auch das Dogma der Homousie – die Wesenseinheit des Sohnes mit dem Vater (Nizäa) – oder die Definition Christi als wahrer Mensch und wahrer Gott zugleich (Chalkedon) konnten zunächst nur durch Rückgriff auf Transzendenz und unter Verzicht auf Vernunftbegründungen vermittelt werden. Die von traditioneller christlicher Theologie vertretenen trinitarischen Lehren, die messianische Erlöserfunktion des auferstandenen Christus – das wird von islamischer Seite oft eingewendet – sind in gewisser Weise sogar „unvernünftiger" als die Einheitlichkeit des Welt- und Gottesbildes der durch Muhammad verkündeten Religion. Durch Ansätze einer anthropologisch fundierten Religionserkenntnis, wie sie etwa durch Rudolf Steiners Trinitätsforschung angeregt worden sind, können diese Theologumene dem autonomen Erkennen näher gerückt werden.

Logos und Gnosis im Islam

Schon die Sichtung der bestehenden Fakten führt in eine schiefe Lage, wollte man den Islam wegen seiner vermeintlichen Über-Transzendenz und seiner angeblichen Unterbewertung der Vernunft hinterfragen. Der Koran spricht in einer bemerkenswerten Bildsprache nämlich nicht nur von der Transzendenz Gottes, sondern auch von seiner *Nähe*, seiner radikalen Immanenz. In Sure 50 heißt es lapidar: *Allah ist dir näher als die eigene Halsschlagader.* Und die Logosfähigkeit des Islam, die sich in denkender Vernunft ankündigt, ist nicht nur ein historischer Fakt, sondern bekanntlich einer der ganz großen Beiträge dieser Zivilisation überhaupt, von der die christlich-mittelalterliche Philosophie und die Wissenschaftsentwicklung der Neuzeit entscheidend angeregt worden sind. Das sind hinlänglich geklärte Tatsachen. Wahr ist freilich auch dies, dass in der islamischen Welt seit dem 12. Jahrhundert Philosophie und Wissenschaft stark zurückgedrängt worden sind und dass diese Situation an einer langen Stagnation, vor allem in den arabischen Ländern, entscheidend mitbeteiligt ist.[58] Viele gebildete Moslems sind sich dieser Problematik bewusst.

Um Islam, um Religion insgesamt vernünftig und zugleich ihrer spirituellen Realität gemäß gerecht zu werden, müssen neue Wege gegangen werden. Zu überwinden wäre eine Verstandestheologie, die sich methodisch über eine bestimmte Art der Logizität nicht erheben kann. Sie ist heute – im Zeitalter einer fälligen „Spiritualisierung der Intelligenz" (Rudolf Steiner) – ungeeignet, die Ebene dessen, was sich von oben her als Offenbarung zeigt, von unten her zu durchdringen. Will man es dennoch versuchen, und das ist unentbehrlich, so muss Erkenntnis auf eine Ebene gebracht werden, die dem Bereich der Offenbarung angemessen ist. Das wäre eine Ebene, wo Denken und Offenbarung sich aus Fähigkeiten eines erweiterten Wissenschaftsbewusstseins begegnen und durchdringen können: jenseits der Kluft, die sich seit Nizäa, seit der Scholastik, seit der Aufklärung aufgetan hat. Durch eine spirituell orientierte Bewusstseinsphänomenologie müssen Tore zur Transzendenz aufgesucht und durchschritten werden. Von da aus wird es möglich, den Kern bewusstseinsimmanenter Prinzipien in den tradierten Offenbarungsinhalten zu entschlüsseln. Gefragt ist etwas wie eine neue Gnosis, die sich der übersinnlichen Quellen religiöser Lehren, Symbole, Kulte und Lebensformen erkennend vergewissern kann. In einer solchen Methode käme etwas neu zum Tragen, was islamische Theosophie *tawil* nennt: erkennendes Rückführen von Aussagen der heiligen Schriften auf ihren Ursprung im Geist. Das kann nicht ein

58 Zur Diagnose dieser Stagnation: Dan Diner : *Versiegelte Zeit. Über den Stillstand in der islamischen Welt.* Berlin 2005

Aufwärmen alter Gnosis sein, die einer früheren Phase der Bewusstseinsevolution entspricht, sondern ein Weg, der aus dem Fundament des Wissenschaftsparadigmas unserer Zeit heraus zu entwickeln wäre.

Mit dem Ausdruck „Gnosis" ist jedoch ein Stichwort ausgesprochen, das für die Klärung der Frage, wie es um den Islam bestellt ist, eine zentrale Bedeutung hat. Gemeint sind jene eigentümlichen, gelegentlich abstrus anmutenden Lehren und Kulte, die den Tenor des Geisteslebens im Mittelmeerraum in den Jahrhunderten vor und nach Auftreten des Christentums abgab und die in Ausläufern noch bis in die Zeit Muhammads hin eine Rolle spielten. In der Kulturatmosphäre der spätantiken Gnosis mischte sich alte, übersinnliche Schaufähigkeit mit rationaler Spekulation. In spätjüdischem Schrifttum, in Mysterienkulten wie dem Mithrasdienst, in den Lehren des Mani oder des Markion, ja selbst in den kanonischen Schriften des Neuen Testaments: Überall ist diese eigenartige Durchmengung von Mythischem und Logischem, von Bildhaftem und Rationalem sichtbar. Durchaus „gnostisch" sind nicht nur beispielsweise das erst im 20. Jahrhundert wiederentdeckte apokryphe Thomasevangelium, sondern auch das Johannesevangelium selber, viele Passagen in den Paulusbriefen, erst recht solche Schriften wie die Apokalypse des Johannes. Rituale wurden als reale Initiationsvorgänge erlebt, im Mithraskult ebenso wie in den österlichen Erwachsenentaufen der verschiedenen christlichen Gemeinschaften. Äußerlich wurde „Arkandisziplin", esoterische Diskretion und Geheimhaltung gepflegt. Innerlich kam es zu Erfahrungen und Wandlungserlebnissen, die sich im einzelnen Menschen real vollzogen, aber nicht in erster Linie durch abstrakte Begriffe erfasst wurden. Das Bewusstsein verständigte sich mit sich selbst, indem es auf mythisch-imaginative Bilder zurückgriff, Erbschaften älterer, vorrationaler Mysterienkulturen. Das verschwand im 4., 5., 6. Jahrhundert allmählich. Abstrakteres Denken zog ein.

Prophetische Tradition

In diese Situation schlagen nun die gewaltigen Offenbarungen Muhammads ein. Sie tragen einen Schau-Charakter, denen überwältigende imaginative und inspirative Erlebnisse zu Grunde liegen. Sie reihen sich vom Typus und auch vom Inhalt her in die Linie einer prophetischen Tradition ein, die von den alttestamentlichen Propheten über die spätjüdischen zu den christlichen Apokalyptikern geht. Im Zentrum dieser Offenbarung steht dabei der Ausblick auf ein Höchstes und Letztes, das über Imagination und Inspiration hinaus zu einem obersten Grenzbereich intuitiven Innewerdens führt: dem *Tawhīd,* der Einheit Gottes.

Die Lehre von der Einheit war an sich keine Neuheit. Sie war und ist auch wesentlicher Grundbestand des Judentums und des Christentums. Jetzt wurde durch Muhammad eindringlich auf diese Urlehre hingewiesen. Gleichzeitig ist in diesem radikalen Monotheismus – der besser Theomonismus heißen sollte – bewusstseinsgeschichtlich das Eingewurzeltsein in jener Mentalstruktur gewährleistet, welche seit Abraham – jenem „Vater vieler Völker", der um 2000 vor Christus wirkte, als Fähigkeit zu abstraktem Denken allmählich prägend für die Menschheit wurde. Im Islam genießt Abraham wie nirgendwo sonst, selbst im Judentum nicht, eine herausgehobene Wertschätzung. Als Siegel der Propheten schließt nach islamischer Auffassung Muhammad endgültig den Zyklus der *risālat,* des gesetz- und zivilisationsbegründenden Prophetentums, ab, eines Prophetentums, das sich aus überwältigender Schau speiste. Weitere Entwicklungen stehen aber offen, besonders die des Denkens, das nun Stück für Stück zur Autonomie drängt.

Das geht innerhalb der islamischen Kultur in zwei Richtungen, die vielfach miteinander verschlungen sind, sich aber idealtypisch unterscheiden lassen: In Philosophie und Wissenschaft wird dieses Autonomwerden früh und paradigmatisch durchexerziert; in Theosophie und Erkenntnismystik – besonders in den Minderheitsströmungen der Zwölferschia und des Ismaelismus – werden Wege des übersinnlichen Erkennens, eine Initiationswissenschaft weiterentwickelt.

Die Etappen, Wege und Umwege des Ringens um das autonome Denken im Bereich von Philosophie und Wissenschaft lassen sich dokumentarisch gut verfolgen, das Thema ist aber hoch komplex. Schon früh tritt etwa eine Denkrichtung auf, die dezidiert die eigene Urteilskraft des Menschen in Anspruch nimmt. Das geschieht durch die Mu'taziliten, die von Basra aus im 7. bis 8. Jahrhundert zeitweise großen Einfluss gewinnen. Für sie ist der Mensch für seine Taten selbst verantwortlich, einen Fatalismus kennen sie nicht, der Koran ist, bei aller Heiligkeit seines Ursprungs „erschaffen", also dem Wortlaut nach nicht absolut. Bekämpft wird diese Richtung allerdings sogleich von Ibn Hanbal, der die „Unerschaffenheit" des Korans lehrt, sowie die absolute Verbindlichkeit seiner Rechts- und Verhaltensvorschriften. Menschliches Schicksal ist für ihn in den ewigen allmächtigen Ratschluss Allahs von vorneherein eingebunden. Die hanbalitische Rechtsschule hat in der Folge – und bis heute, etwa im saudischen Wahabbismus und im modernen Fundamentalismus insgesamt – Einfluss behalten. Die Mu'taziliten selbst verschwanden als konstituierte Schule. Am bereits erwähnten Zusammenbruch der islamischen „Aufklärung" im westlichen Islam des 12. Jahrhunderts war der Hanbalismus entscheidend mitbeteiligt. Zu berücksichtigen bleibt aber, dass die tonangebende Auffassung im Islam diejenige der Asch'ariten wurde, eine Denkrichtung, die, bei aller Orthodoxie, ein rationales Element in der Schriftauslegung zulässt.

Griechische Philosophie

Großes Gewicht ist vor allem der Rezeption griechischer Philosophie zuzuschreiben. Sie kommt im Abbassidenreich zu hoher Blüte. Neuplatonisches Gedankengut und Aristotelismus fließen ein. Plotins Lehre vom Über-Sein, vom Ursprünglich-Einen, die aristotelische

Theologie des „unbewegten Bewegers“ wurden als wesensverwandt mit der islamischen Grundlehre vom *Tawhīd* verstanden. Hellenistisches Denken und dessen differenzierte Begriffsbildung kommen dem Bedürfnis nach vernunftgetragenem Erkennen entgegen. Dass im Westen verloren gegangenes Schrifttum überhaupt erst über syrische, dann arabische Übersetzungen in das christliche Abendland gelangten, ist wiederum eine allgemein bekannte Tatsache. Noch vor Auftreten Muhammads hatten, nach der Schließung der Platonischen Akademie in Athen durch Kaiser Justinian am Anfang des 6. Jahrhunderts, die letzten heidnischen Gelehrten solches Schrifttum nach Persien gebracht. In der von christlichen Ärzten geleiteten Akademie von Gondischapur etwa entstand ein Wissenschaftsbetrieb, der vieles vorwegnahm, was später als modernes, auf Verstandeslogik und empirischer Beobachtung orientiertes Paradigma im Abendland verbindlich wurde.

Rudolf Steiner hat darauf hingewiesen, wie dieser „Impuls von Gondischapur“ allerdings mit einer Dialektik behaftet war. Die Integrationskraft des menschlichen Ich war damals dem Sich-Selbständig-Machen von Logik und Sinnesbeobachtung nicht gewachsen. Unvermittelt und ungehemmt wäre für die weitere Entwicklung Wissenschaft wohl autonom geworden, nicht aber der Mensch selber. Eine problematische Mechanisierung des Geistes kündigte sich im Ablösen der Vernunft von den früheren Schaufähigkeiten an, eine Mechanisierung, die durch die innere Aktivität des Ich zunächst nicht eingeholt und überwunden werden konnte. Das Auftreten des Islams, so Rudolf Steiners Darstellungen, hat diesem Impuls die Spitze abgebrochen. Das Einbetten in den Kulturzusammenhang der neuen Religion hemmte dessen Stoßkraft, ohne noch eine volle Verbindung von Ich und Denken leisten zu können.

Das haben dann in der Folge die christlichen Scholastiker versucht. Die wissenschaftlich-philosophischen Entwürfe von Albert dem Großen und Thomas von Aquino wären aber ohne die großen denkerischen Leistungen eines Al-Kindī, eines Al-Fārābī, eines

Ibn Sīnā (Avicenna) oder eines Ibn Roschd (Averroes) nicht möglich gewesen. Letztendlich blieb auch das Ringen der christlichen Scholastiker um die aktive Präsenz des Ich im Denken Fragment. Es brach ab. Nicht in der Weise freilich, wie dies in dem Westteil der islamischen Welt geschah, wo nach Averroes keine nennenswerte philosophische Entwicklung mehr stattfand und die bis dahin so glänzende Wissenschaftskultur zum Stillstand kam. Aber doch so, dass die aufkommende Naturwissenschaft nicht an die Ansätze der christlichen Scholastik anknüpfen konnte. Stattdessen kam noch einmal jene frühere Phase des Denkens zum Tragen, die sich im der abassidischen Reich (750-1258) herausgebildet hatte.

Die Folgen sind bis heute sichtbar. Es wäre aber ein Fehlurteil, wollte man rückblickend den Denkanstrengungen des „Arabismus" eine Art Schuld für die tendenzielle Entmenschlichung neuzeitlicher Wissenschaft anlasten. Diese Selbstentfremdung des Geistes gegenüber seinem übersinnlichen Ursprung ist in erster Linie ein *abendländisches* Schicksal. Deren Einseitigkeiten zu überwinden ist heute von erstrangiger Bedeutung. Der sogenannte „Arabismus" indes hat zu seiner Zeit eine unentbehrliche Rolle gespielt: als geistesgeschichtlich bedeutsame Etappe auf dem Weg zur autonomen Vernunft. Das arabisch-islamische Geistesleben selber hat sich freilich, wie bereits erwähnt, in einer eigentümlichen Gegenbewegung aus dem einst so brillant begonnenen Experimentierfeld von Denken und Wissenschaft weitgehend zurückgezogen und sich für Jahrhunderte in religiöser Orthodoxie eingeigelt – auch das mit Folgen, die wir heute allenthalben sehen.

Theosophische Unterströmung

Das eben entworfene Bild ist aber nicht vollständig. Will man der islamischen Denkanstrengung und ihrem Beitrag gerecht werden, muss unbedingt auch auf einen verborgenen Kontinent spiritueller

Philosophie und Theosophie geblickt werden, auf dem noch ganz andere Landschaften sichtbar werden. Eine spirituelle Philosophie nahm im Orient, vor allem im Iran, das Erbe der Gnosis auf, zuerst aus eigenen Voraussetzungen, später auch unter Einbeziehung von Platonismus und Aristotelismus. Plato und Aristoteles kamen als Lehrer des Denkens, aber auch als Meister esoterischer Wege zu hohem Ansehen.

Die schiitische Richtung des Islam spielte dabei eine wichtige Rolle. Die unmittelbar nach dem Tod Muhammads einsetzende Abspaltung der *schi'at Alī,* der Partei Alīs, wird in gängigen Geschichtsdarstellungen durchweg als politischer Sukzessionskonflikt gesehen. Ihr spiritueller Aspekt wird oft nicht einmal erwähnt. Diese Spaltung war aber von Anfang an durch die Tatsache bedingt, dass Alī, der Neffe und Schwiegersohn des Propheten, in den Augen seiner Anhänger als der wahre Nachfolger Muhammads galt, und zwar nicht der Blutsverwandtschaft wegen, sondern auf Grund seiner spirituellen Qualifikation. In ihrem Kreis galt als gesichert, dass Muhammad ihm den esoterischen Sinn „jedes einzelnen Koranverses" übergeben habe. Auch wenn solche exzessiv anmutenden Formulierungen erst später auftraten und den Verdacht nahe legen können, dass sie bloß nachträglich konstruierte Legitimationen seien: Sicher ist, dass Alī ibn Abī Tālib als einer der ältesten Schüler Muhammads in dessen Hausstand aufwuchs, und von Jugend als einer der ersten Muslime überhaupt in dessen intimsten Umkreis lebte. Jedenfalls geht auf ihn und seine elf Nachfahren, den heiligen Imamen der Zwölferschia, ein bedeutsames theosophisches Schrifttum zurück.[59]

Es entwickelt sich daraus eine bis heute in kleinen Kreisen lebendige, philosophisch fundierte Esoterik, eine „prophetische Philosophie", die auf erkennenden Zugang zu Geistsphären, und auf Initiationswege zum Erfahren übersinnlicher Seinsbereiche bis hin zur göttlichen Einheit angelegt ist. Ausgebildet wird eine Methode des Schriftverständnisses, das immer auch das stufenweise Selbst-

59 Der Zyklus des Imamats endet mit der „großen Verbergung" des 12. Imams im Jahre 942.

erkennen des aufwärts Strebenden einbezieht. Gepflegt wird eine Denkschulung, die auf Erleuchtung und Initiation ausgerichtet ist. Die Reifungsgrade des Ich werden teils in hoch differenzierten Begriffsbildungen, teils in imaginativen Einweihungsberichten veranschaulicht. Eine Art Erkenntnistheorie der höheren Bewusstseinsarten, die mit einer Topographie übersinnlicher Seinsdimensionen gekoppelt ist, bildet sich heraus. Diese schiitische Gnosis, aber auch die Werke mancher sunnitischer Theosophen wie Ibn Arabī (1165-1240), sind Teil eines spirituellen „Weltkulturerbes", dessen volle Würdigung noch aussteht. Es ist das Verdienst des französischen Philosophen und Orientalisten Henry Corbin (1903-1978), diese Schätze gehoben und philologisch, historisch, vor allem aber philosophisch bearbeitet zu haben. Im Folgenden möchte ich aus der Fülle des islamisch-theosophischen Fundus, gleichsam als „Kostproben", zwei Motive skizzieren, die sich auf den schon mehrfach erwähnten *Tawhīd* und auf die Rolle des intuitiven Erkennens als höherer Form des Denkens beziehen.

Die schiitische Theosophie unterscheidet eindringlich zwischen dem exoterischen und dem esoterischen *Tawhīd*. Der äußere, theologische Glaube an den Einen Gott ist für sie zwar ein wichtiges Element der Volkserziehung, ein erster Zugang zu etwas, was letztgültig aber erst in der höheren Erkenntnis aufgeht. Der exoterische *Tawhīd* – so etwa drückt es Haydar Āmolī, ein persischer Philosoph und Theologe des 14.Jahrhunderts, aus – birgt, sofern er nicht überwunden wird, die Gefahr einer Täuschung in sich, einer „Beigesellung" noch subtilerer Art als bei den Heiden mit ihren groben Personifizierungen der Gottheit. Denn er erhebt ein Seiendes zum Sein. Gott wird der Welt gleichsam beigefügt, als höchstes Seiendes zwar, aber doch so, dass sein alldurchdringendes, zugleich unverfügbares Eins-Sein dadurch verdeckt und verfälscht wird. Es entsteht eine unerträgliche monotheistische Götzenanbetung. Erst im Aufstieg zum inneren, ontologischen *Tawhīd* öffnet sich der Blick in die inkommensurable Dimension des Einen.[60]

60 Henry Corbin: *En Islam iranien. Aspects spirituels et philosophiques III.* Paris 1972. S. 190ff.

Bei Rūzbehān Baklī Shīrāzī (1128-1209), einem iranischen Sufi, werden sogar drei Stufen des *Tawhīd* unterschieden. Da ist zuerst der exoterische *Tawhīd* des Volksglaubens. Dann gibt es eine zweite Stufe, die den Geistesschüler auf seinem meditativen Weg in die Sphäre des mystischen *Tawhīd* eintreten lässt. Er erlebt dieses Einheitserlebnis aber so, dass er als Person unterzugehen scheint. Die eigene Individualität und die Vielheit der Welterscheinungen verschwinden. Das ist nicht die höchste Stufe. Auch sie birgt eine Illusion in sich, die es zu überwinden gilt. Erst im höchsten, dem gnostischen *Tawhīd* zeigt sich das wahre Geheimnis des Einen. Im Aufstieg zur höchsten Intuition wird erfahren, wie das Eine und Einzige der Gottheit sich zugleich in der Vielzahl der irdischen und himmlischen Erscheinungen entfaltet. In dieser Erfahrung wird das Ich und die Vielheit der Iche nicht ausgelöscht. Im Gegenteil: Es ist ein selbstbewusstes, jetzt aber Ego-enthobenes Subjekt, das in dieser spirituellen Realisation zu sich selber kommt. Bei Rūzbehān Baklī Shīrāzī, wie auch bei anderen Mystikern, münden solche philosophisch-theosophischen Initiationswege in ein Innewerden des allwaltenden Liebesprinzips der Welt. Erkennen, Erkennender und Erkanntes werden dabei in eins erfahren.[61]

Das Ringen um intuitives Denken ist in einem Bericht des jung verstorbenen Philosophen Shihāboddīn Yahyā Sohrawardī (1155-1191), auf den die Bewegung der *Ishrāqīyun*, der „orientalischen Theosophen", zurückgeht, eindringlich dargestellt worden. In seinem *Buch der Erhellungen* schildert er, wie ihm während eines Lebensabschnittes voller verzweifelter Bemühungen um Fragen des höheren Erkennens eine Geistbegegnung zuteil wird. Eines Nachts, in einem Zustand zwischen Wachen und Schlafen, erscheint ihm Aristoteles, des Primus Magister aller Philosophen, als Geistgestalt, gehüllt in überirdische Freude und Schönheit. „Komm zu dir selbst," spricht der Meister, „und die Schwierigkeit wird sich lösen." Es folgt ein Gespräch, in dem ihm Stück für Stück Wege höherer Selbsterkenntnis

61 Henry Corbin: *En Islam iranien. Aspects spirituels et philosophiques. III.* S. 127ff.

dargelegt werden. Er lernt zu begreifen, dass Selbsterkenntnis nicht bloß *eine* Erkenntnisart neben anderen ist, sondern dass sie letztendlich *jeder* anderen Erkenntnis zu Grunde liegt. Und im intuitiven Selbsterkennen tut sich nichts anderes Kund als das Wesen der Seele selbst: ihr existentielles, innerstes Ich (*anā'iyat*). Es ist Leben, Licht, Epiphanie, Selbstbewusstsein. Es liegt jenseits eines Denkens, das sich auf Vorstellungen stützt, ist Gegenwartsbewusstsein, Einheitsbewusstsein, intuitives Bewusstsein: Erleuchtung im Morgenlicht gesteigerter Gegenwärtigkeit.[62]

Wer die geistesgeschichtlich bedeutsame Linie in Betracht zieht, die von Aristoteles über Thomas von Aquino bis zu Rudolf Steiner reicht, wird nicht ohne Verwunderung feststellen, wie hier Motive vorweggenommen sind, die in Steiners *Philosophie der Freiheit* zu einer Reife kommen, in der sich Rationalität und spirituelle Intuition durchdringen.

Euro-Islam genügt nicht

Die Wiederentdeckung des esoterischen Islam ist für die Frage eines künftigen Islam bedeutungsvoll. Ein bloß auf Rationalität ausgerichteter, reformierter „Euro-Islam", wie er dem deutsch-syrischen Politologen Bassam Tibi[63] vorschwebt, dürfte kaum ausreichen, wiewohl die Aufnahme der besten Elemente der Aufklärung unentbehrlich erscheinen. Ohne eine der Moderne angemessene Anknüpfung an Mystik und Esoterik wird sich die Sehnsucht nach religiöser Substanz, die auch in der islamischen Jugend weltweit neu auflebt, nicht auf die Stufe heben lassen, die heute notwendig ist. Bestrebungen, Vernunft und Esoterik zeitgemäß zu verbinden, gibt es im Islam durchaus.[64]

62 Henry Corbin: *En Islam iranien. Aspects spirituels et philosophiques. II.* S. 62.
63 Bassam Tibi: *Im Schatten Allahs: der Islam und die Menschenrechte.* Ullstein, München 2003.
64 So etwa bei dem durch das fundamentalistische Regime im Sudan 1985 hingerichteten Reformer Mahmud Taha (geb. 1909), der an Impulsen moderner Wissenschaftlichkeit und undogmatischer Sufilehre anknüpfte. Siehe dazu: Johann Christoph Bürgel, *Allmacht und Mächtigkeit. Religion und Welt im Islam.* München 1991, S. 355ff.

„Wenn die Erde flach ausgestreckt ist, wenn sie ausstößt, was in ihr ist und sie leer bleibt, wenn sie das Ohr leiht ihrem Herrn und sie Seiner würdig geworden ist, dann siehe, o Mensch, der du mit Anstrengung deinem Herrn entgegengehst, siehe: du begegnest ihm (Koran, Sure 84:35).-
„Nichts, was geheim ist, wird euch verborgen bleiben." (Sure 69:18).
„Jede Seele wird verstehen, was ihr voranging, und was sie hinter sich lässt" (Sure 82:3).

Als ich von meinem Meister die Erzählung des Grals von Dscham hörte, wurde ich selber zum Gral von Dscham, Spiegel des Alls. Aus dem Futteral ziehe man seinen eigenen Gral, Spiegel des Alls. Dieser verschüttete Gral ist brennende Flamme, von der sich unser Tod nährt.

Aus: Henry Corbin: *En Islam iranien.*
Aspects spirituels et philosophiques. Tôme II.
Sohrawardi et les Platoniciens de Perse.
Paris 1971 (Übersetzung aus dem Französischen
von János Darvas).

Anhang

Sohrawardīs Gralserzählung

Metaphysik und Theosophie der iranischen Weisen münden oft in dichterische Imaginationen. Gut sichtbar ist auch das Weiterleben altiranischer Urlehren. Als Beispiel ein kurzer, aber bedeutsamer Text des Sohrawardī, der sich auf spirituelle Quellen der iranischen Uroffenbarung der vorislamischen Zeit bezieht.

Der vorzeitliche König Kay Khosrau besitzt einen Kelch, der auf den Dschamschid, den mythischen Begründer der urpersischen Kultur, zurückgeht. Die bildhaften Einweihungsmotive werden mit Koranversen in Verbindung gebracht. Bild und Vers beleuchten einander gegenseitig und regen zur Meditation an.

> *Kay Khosrau besaß den Gral, Spiegel des Alls. Alles, was Gegenstand seines Strebens sein konnte, erschaute er in diesem Gral; in ihm erhielt er Kunde von unsichtbaren Welten; in ihm erforschte er die Gesamtheit der Wesen. Dieser Gral war in einem Lederfutteral eingeschlossen, das zehn Nähte hatte, dessen Form auf einer Töpferscheibe gestaltet worden war. Wenn Kay Khosrau aufs Neue irgendein Geheimnis des Unsichtbaren erkennen wollte, so legte er das Futteral auf die Scheibe, um es aufzutrennen. Wenn er alle Nähte aufgetrennt hatte, erschien der Gral nicht mehr. Wenn aber unter der Wirkung der Töpferscheibe die Nähte wieder geschlossen waren, erschien der Gral. Am Zeitpunkt der Frühjahrs-Tagundnachtgleiche hielt Kay Khosrau den Gral in die Sonne, und wie das Strahlen des Sterns den Gral berührte, siehe, da wurden alle Linien und alle Spuren der Welten auf ihm offenbar und konnten erschaut werden.*

Dass auch der Westen in diesem Zusammenhang einen Beitrag zu leisten hat, sollte ebenfalls gesehen werden. Denn gerade seine aus reduktionistischer Rationalität gespeisten Lebensformen und Machttendenzen, die sich weltweit durchsetzen wollen, reizen die islamische Jugend zu einem Widerstand, der sie nur allzu leicht in die Fänge fundamentalistischer Demagogen treibt. Damit ist nicht eine überzogene „Bringschuld" des Westens gemeint. Vieles, was in der islamischen Welt im Argen liegt, ist nicht bloß Folge von Kolonialismus und Neoimperialismus, sondern selbst verursacht. Es wird aber von islamischer Seite aus, in einer oft ambivalenten Erwartung und Ablehnung zugleich, auf das geschaut, was durch den Westen geschieht – oder auch nicht geschieht. Was würde sein, so ist man versucht zu fragen, wenn gerade die spezifische Verbindung von Rationalität und Spiritualität, wie sie im Abendland bei Goethe, Novalis, Steiner und anderen auf hoher Stufe geistig verwirklicht worden ist, ihre praktische Überzeugungskraft entfalten könnte? Wir lassen die Frage offen.

In jedem Fall aber zeigt sich in beiden großen Richtungen islamischen Philosophierens, dem rational nach „unten-außen" und dem intuitiv nach „oben-innen" orientierten, der bedeutsame Beitrag einer großen Zivilisation, dessen Beachtung sowohl für den Westen, als auch für die islamische Welt wichtig wäre. Für den Dialog zwischen den beiden Kulturen könnte eine solche Beachtung von großer Fruchtbarkeit sein. Denn hier bieten sich Motive an, die nicht nur die Verwandtschaften, sondern auch die welthistorische Schicksalsverflechtung beider betreffen.

Bedeutsam wäre dies sogar über den Umkreis von Christentum und Islam hinaus. Denn Erkenntnispraxis, in der sich Rationalität und Esoterik verbinden, dürfte – alle Zeichen weisen darauf hin – zur Überwindung der globalen Zivilisationskrise unserer Zeit unentbehrlich sein.

Lichterde und Paradies

Schöpferische Imagination als Weg zur Wirklichkeit religiöser Überlieferung

„Der Alltag ist eine graue Decke,
unter der sich die
Jungfräulichkeit der Welt verbirgt.“
Eugène Ionesco

Der moderne Mensch ist ein paradoxes Wesen. Je mehr sein Intellekt sich entfaltet, desto mehr sieht sich die Seele gedrängt, den Gehalt geistiger Wirklichkeit *anderswo* zu suchen. Jene neuzeitliche Fähigkeit denkerischer Welterfassung, die sich im Umkreis einer vornehmlich von rationalen Denkmustern und Handlungsabläufen geprägten Alltagswelt bildet, scheint einen unauflösbaren Widerspruch in sich zu tragen. Mit jedem Schritt, durch den sich der heutige Mensch die Welt im Modus der Rationalität zu erschließen sucht, verschließt er sich offenbar jener Fülle, nach der er im Grunde als Erkennender sucht. Er weiß, dass das Denken ihm seine wahre Würde verleiht. Durch kognitive Prozesse wird dem Ich eine Mannigfaltigkeit von Tatsachen zugänglich. Ohne die Fähigkeit, die Welterscheinungen durch denkende Tätigkeit zu erfassen, wäre er nichts. Aber er weiß ebenso – oder ahnt es zumindest – dass seine Seele hungert und dürstet, und dass der Intellekt in der Weise, wie er sich im Feld zeitgenössischer Kultur betätigt, diesen Hunger und diesen Durst nicht zu stillen vermag.

Unser bewusstes Leben vollzieht sich in einem Bezirk eingeschränkter Wirklichkeit. Es baut auf Erkenntnisakte auf, die im Wesentlichen durch Sinneseindrücke angeregt werden. Die so geprägte Intelligenz trägt aber das Signum des Vergessens: Ihre eigene Leistung als schöpferische Tätigkeit fällt aus dem Bewusstsein heraus.

Der Bewusstseinsstrom neigt einem Zustand zu, in dem passive und quasi-mechanischen Abläufe vorzuherrschen scheinen.

Eine ältere, allgemeinmenschliche Bewusstseinslage erlebte sich selbst als durchzogen von schöpferischen Impulsen. Diese Lebendigkeit war aber noch stark den Stimmungen inneren Abhängigseins von höheren Mächten verhaftet. Sie hat sich, bei aller unnachahmlichen Größe, schließlich zu einem Faktor von Unfreiheit gewandelt. Der neuzeitliche Mensch darf seinen Blick frei über die Welt schweifen lassen. Natur und Gesellschaft werden rückhaltlos dem forschenden Blick vorgelegt. Dieser Blick tastet die Konturen der Welt nach Maßgabe selbsterlebter und rational verifizierbarer Evidenzen ab. Die Gedanken entwickeln eine innere Kraft, sich gegenseitig zu tragen und zu stützen: Die innere Kohärenz wissenschaftlicher Logizität schenkt der Seele eine Festigkeit, die unabdingbar für die Herausbildung eines individuell erlebten Ichbewusstseins ist. Diese Entwicklung geht Hand in Hand mit der Fähigkeit zu exakter Beobachtung der Natur: sich den einzelnen Phänomenen der Welt hinzugeben und sich von ihnen - ihrem eigenen Wesen gemäß - Schritt für Schritt leiten zu lassen. Auf diese Weise wird unvermerkt eine besonnene Selbstlosigkeit eingeübt. Sie ist prinzipiell dazu imstande, von der Begegnung mit dem Objekt der Forschung jede subjektiv verzerrende Projektion fernzuhalten. Diese doppelte Gabe der modernen Wissenschaft – Ich-geführte Festigkeit und besonnene Selbsthingabe – bildet den Kern einer Geistigkeit, die als allgemeiner Kulturfaktor erst in der Neuzeit hervorzutreten vermochte.

Diese Bewusstseinsentwicklung ist aber mit einem hohen Preis bezahlt worden. Freiheit und Objektivität gehen mit Mangel-Erfahrungen einher. Es wird Einsamkeit und der Verlust des existentiellen Eingewurzeltseins in einer umfassenden Wirklichkeit erlebt. Der heutige Mensch empfindet dies durchweg und ausnahmslos. Es fehlt ihm das Eingebettetsein in jenes ganzheitliche Welterleben, dass eine frühere Menschheit zweifellos besaß: kraft eines Bildbewusstseins, das aus übermenschlichen Quellen herab im Zustand träumenden Gewahrwerdens aufgenommen wurde. In den Mythen der Menschheit ist der Ertrag dieser Entwicklungsstufen aufbewahrt.

Imagination einst und jetzt

Heute wäre die Aufgabe gestellt, sich aus menschlicher Ich-Kompetenz zu einer Fähigkeit des Imaginierens in neuer Weise zu erheben. Man sollte sich nur keine falschen Vorstellungen machen, wie Imaginationen „aussehen" mögen. Durch die vorhergehenden Überlegungen sollte ja darauf hingewiesen werden, dass sich Steigerungsstufen in den Gegebenheiten des wachen Alltagsbewusstseins selber finden lassen. Schöpferische Imagination wird unter diesen Voraussetzungen nicht *neben* dem aktiven Denken einherlaufen, sondern als eine seiner Metamorphosen erlebt werden. Eine Verwechslung mit Formen eines visionären Traumbewusstseins, welches der Führung durch die wache Kraft des Ich entgleitet, wird unter diesen Bedingungen ausgeschlossen sein. In der richtig durchgeführten Annäherung kann der imaginative Inhalt als zeitloser Archetypus erfahren werden. Von dieser Annäherung und diesem Inhalt spricht der französische Philosoph und Orientalist Henry Corbin, wenn er schöpferische Imagination (imagination créatrice) in den folgenden Worten charakterisiert:

> *„... sie bringt keine willkürliche Konstruktion hervor, und sei es eine lyrische, die sich vor die ‚Wirklichkeit' schöbe; sie funktioniert vielmehr unmittelbar als Erkenntnisorgan, das so wirklich ist, wenn nicht gar wirklicher, als die Sinnesorgane. Sie nimmt aber in einer ihr eigentümlichen Weise wahr: Ihr Organ ist nicht die empfindende Fähigkeit, sondern ein Urbild, welches ihr vom Ursprung her eigen ist, ohne dass sie genötigt gewesen wäre, es von einer äußeren Wahrnehmung abzuleiten. Das Eigentümliche dieses Urbilds ist es, die Verwandlung des Gegebenen zu bewirken – ihre Lösung in der Reinheit einer übersinnlichen Welt – um sie*

als Symbole wiederzubringen, die zu entziffern wären – Symbole, deren ‚Chiffre' die Chiffre der Seele selber ist."[65]

Es erschließt sich dadurch eine Dimension eines *mundus imaginalis,*[66] in dem jene Urbilder aufzufinden sind, in denen Menschheitsschicksale zum Ausdruck kommen.

Zunächst aber kann am unmittelbaren Gewahrwerden der Sinneswelt die Dimension des Imaginativen zum Erleben kommen. Die Seele, die sich in innerer Aktivität auf diese Dimension vorbereitet hat, steht früher oder später vor einer Erfahrung, wo die Trennung von Innen und Außen, von Subjekt und Objekt allmählich hinfällig wird. Es ist eine Erfahrung einer Transparenz, die sich im Wahrnehmen der Welt ergibt. Das „Bildhafte" tritt nicht irgendwie *hinzu*. Es ist in dieser Transparenzerfahrung mitgegeben: als Frucht jener Erstarkung des Denkens und jener Empfänglichkeit der Hingabe an Phänomene, von der oben die Rede war.

Solche Erfahrungen können auch spontan für kurze Augenblicke eintreten. Sie werden aber oft gleich wieder zugedeckt. Es gibt Naturlandschaften, die etwas von jenem Durchsichtigsein gleichsam von sich aus offenbaren. Aber was nutzt der grandioseste Blick auf das Alpenglühen, wenn sich meinem Vorstellen die Postkarte aufdrängt, mit dem ich nun dieses Panorama vergleiche? Zum Glück sind wir aber nicht allzu sehr von äußeren Bedingungen abhängig. Es kann passieren, dass mitten im grausten Alltag, zwischen hässlichen Plattenbauten irgendwo in Dresden oder Budapest, plötzlich der Blick auf eine unscheinbare Rasenfläche fällt – und das Transparenzerlebnis ist da. Hier werden Spuren einer Sphäre wahrgenommen, die nicht „außer" uns ist, und doch nicht bloß auf unsere persönliche Innenwelt reduziert werden darf.

65 Henry Corbin, *Terre céleste et corps de résurrection: de l'Iran mazdéen à l'Iran shi'ite*. Paris, 1961 (Übersetzung JD).

66 Der Ausdruck ist eine Wortprägung Corbins. Gemeint ist eine geistige Bildwelt, die einen objektiven Charakter hat. Corbins Verdienst ist es, die Bedeutung dieser Ebene für eine hermeneutische Philosophiegeschichte des islamischen Mittelalters herausgearbeitet zu haben. Siehe H. Corbin: *Mundus imaginalis* ou l'imaginaire et l'imaginal. Paris 1964.

„Paradise now“ – Gegenwart des Ursprungs

Wir wenden uns im Folgenden einem Urbild zu, das zum Fundus unseres kulturellen Erbes gehört: der Paradiesesmythe. Diese Imagination ist vielschichtig, wie alle Mythen. Wir wählen sie aus, weil sie etwas von der Bewusstseinssituation, die eben geschildert wurde, erzählt: von dem Verlust, aber auch von der möglichen Neugewinnung schöpferischer Imagination. Sie weist aber nicht nur auf unsere innerseelische Lage, sondern auch auf einen Aspekt von „Welt“, dessen Entdeckung von fundamentaler Bedeutung sein dürfte. Von einer erschöpfenden Interpretation kann natürlich nicht die Rede sein. Wir werden auch vermeiden, mit vorgeblichen „Schlüsseln“ zu hantieren, mit denen man eine solche Imagination „erklären“ könnte. Es soll lediglich versucht werden, Resonanzen zur Sprache zu bringen, durch welche jener Mythos beginnen kann sich auszusprechen.

Am Ende der sechziger Jahre war eine amerikanische Avantgarde-Theatertruppe auch in Europa unterwegs: das *Living Theatre*. In einer ihrer faszinierenden Produktionen ließen sie – charakteristisch für die Stimmung dieser Jahre – den Ruf durch den Saal tönen *„Paradise now*! Paradies jetzt!“. Das mag etwas Suggestives und daher Problematisches gehabt haben. Und dennoch: Es war wie der Ton eines Erinnerns, die Reminiszenz einer Wirklichkeit, die aus der Seele aufstieg. An etwas wie dem Rest einer ursprünglichen Reinheit wurde gerührt, das sich unmittelbar auf Gegenwärtiges zu beziehen schien. Gibt es denn nicht, hier und jetzt, eine untergründige Wirklichkeit, wo sich unverdorben Urfernes als gegenwärtig gibt? War eine solche Wirklichkeit nicht schon immer im ahnenden Blick der Menschen? Hat sie nicht in vielerlei Gestalt das Suchen nach spiritueller Wirklichkeit seit jeher begleitet, vielleicht sogar bestimmt? Ist es möglich, diese Wirklichkeit bewusst in das aktuelle Erleben zu bringen?

Im Oberuferer Paradeisspiel, einem alten von Rudolf Steiner wiederentdeckten Mundartstück, wird in einprägsamen Szenen die Schöpfung Adams und Evas, die Usurpation des Baumes „der in der mitten stat“ und die Austreibung durch den Engel mit dem Flammenschwert dargestellt. Hieratisches und Humorvolles weisen, richtig dosiert, in die innersten Ecken jenes Bereiches, in dem unsere *conditio humana* beheimatet ist. Ist hier nicht urbildlich jenes Paradox des Menschen, der zwischen entwurzeltem Wissen und Durst nach wahrem Leben zerrissen ist, unmittelbar anwesend? Es scheint, dass sich in der Folge der Bilder die Struktur einer Existenzlage ablesen lässt, in der wir tatsächlich leben. Nicht bloß Vorgänge ferner Zeiten – wenn dort überhaupt von Zeit in unserem Sinne die Rede sein kann – werden dargestellt. Im Bilde des Gartens, der Schlange, des Baumes und der bedrängenden Verfehlung stellt sich eine Imagination vor uns hin, die auf ein Hier und Jetzt verweist, das uns unmittelbar angeht. Wer aufmerksam ist, wird bemerkt haben, dass Baum, Garten, Gottvater im Hintergrund weiter, wie unverändert, da sind, während gleichzeitig das Urdrama der Menschheit von Fall, Verdunklung und Seinsverlust vor sich geht. Die Bilder, die in einer inneren Folgerichtigkeit an uns vorüberziehen, treten aus dem Strom der Zeit heraus, und verdichten sich in einer Gleichzeitigkeit, die sagen will: Das bist du.

Es ist ja auch in diesem sonderbaren Stück das Verdikt des Ausgestoßenseins nicht endgültig. So unausweichlich tragisch das Gefallensein der Menschheit auch scheinen mag: Von keiner ewigen Verdammnis ist die Rede. Der Richtspruch hierarchischer Gewalt kulminiert ja in den versöhnenden Worten des Engels: „Ich will euch langsam rufen wieder!“ Ist es nicht – wenn wir die Bilder des Spiels mit der Frage nach jener neuen Fähigkeit verbinden – als ob der Engel der schöpferischen Imagination uns sagen wollte: „Du kannst mich langsam zurückerobern. Im Schoße deines Denkens selber schlummern Kräfte, mit denen du die Welt der Bilder wiedergewinnen kannst. Noch ist dein Erkennen dem Fluch schwerer Arbeit und schmerzlicher Geburten unterworfen. Darunter aber west die schöpferische Kraft ungezwungener Wahrbilder, die auf dein tiefstes Selbst und auf die weiteste Welt zugleich deuten. Deine innere Festigkeit ist Ergebnis deiner Denkarbeit im Kontakt mit dem harten Bestand des Irdischen. Deine Hingabe an die Phänomene der Welt ist aus der Überwindung des bloß Subjektiven schmerzvoll geboren. Jetzt wirst du reif zu langsamer Heimkehr. Siehst du endlich *jene Erde*, die immer, auch heute noch, im Ursprung lebt?“ Es ist das Herrlichkeitslicht Gottes, seine alldurchdringende Präsenz, welche die Erde selbst durchstrahlt: „...die ganze Erde ist von seiner Herrlichkeit erfüllt“ (Jesajas 6,3). – Wieso die Erde?

Um uns dieser Frage zu nähern, lassen wir zunächst den rumänisch-französischen Dramatiker Eugène Ionesco zu Wort kommen:

> *„Es gibt das goldene Zeitalter... Ich war 17 oder 18 Jahre alt. Ich war in einer Provinzstadt. Es war Juni, gegen Mittag. Mit einem Mal hatte ich den Eindruck, dass sich die Welt gleichzeitig entfernte und näherte, oder besser, dass sich die Welt von mir entfernt hatte, dass ich in einer anderen Welt war, die viel mehr die meinige war als die frühere, unendlich lichtvoller... die Häuser hatten einen nie gesehenen, ungewohnten Glanz, waren wirklich von der Gewohnheit befreit. Es ist sehr schwer zu definieren; was leichter zu sagen ist, ist vielleicht dies, dass ich eine riesige Freude verspürt habe, ich hatte das Gefühl, etwas Fundamentales verstanden zu haben; dieses ganz Wichtige war mir passiert. In diesem Augenblick habe ich mir gesagt: Ich fürchte den Tod nicht mehr.“*[67]

Im Glanz eines Eigenlichtes, das je schon anwesend war, und das sich in einem glücklichen Augenblick dem Bewusstsein des sensiblen jungen Menschen mitteilt, wird kein „anderswo“ wahrgenommen. Keine Vision schiebt sich zwischen den Wahrnehmenden und dem Wahrgenommen. Es sind *diese* Häuser, an *diesem* Mittag. Die Dinge

67 Claude Bonnefoy, *Entretiens avec Eugène Ionesco*. Paris 1966. S. 32 – 33. Das Motto am Anfang unserer Studie stammt aus demselben Band. S. 32.

erscheinen „von ihren Gewohnheiten befreit". Der Tod verliert seine Bedrohlichkeit, Freude stellt sich ein, und die Evidenz, etwas Wesentliches verstanden zu haben? Himmel auf Erden? So scheint es zu sein.

Lichterde und Paradies im Spiegel iranischer Überlieferung

Das Thema des Paradieses als himmlische Erde hebt bewusstseinsgeschichtlich in dem Augenblick an, wo die Menschheit ihre Doppelnatur zwischen Licht und Finsternis wahrzunehmen beginnt. Auf den Hochebenen Irans wurde in Urzeiten die Lehre von der Lichterde offenbart, überliefert und gepflegt.[68] In *Eran-vej* bekam *„Yima, der in Schönheit glänzende, der beste der Sterblichen"* den Auftrag einen Hag zu bauen – den *Var* – wo die schönsten und anmutigsten Wesen versammelt wurden zum Schutz vor dem Weltenwinter, der durch die ahrimanischen Mächte entfesselt werden sollte. Diese Wesen sollten die dereinst verklärte Erde mit ihrer Nachkommenschaft bevölkern. Eine andere iranische Tradition erzählt die Geschichte eines mystischen Sees, in dem das *Xvarnah* – das *lumen gloriae* oder Herrlichkeitslicht – des *Zarathushtra* eingesenkt wurde im Hinblick auf die Zeugung des *Saoshyants*, des endzeitlichen Heilands, der durch die Jungfrau *Vispa-Taurvairi* geboren werden soll.

Die Kunst der iranischen Gärten ist direkt durch diese Traditionen beeinflusst. Unsere Bezeichnung Paradies hat selber seinen Ursprung in dem medischen Wort *pairi-daeza*, das mit „Gehege des Herrn" übersetzt werden kann. Die vorderasiatische Täufersekte der Mandäer, in der sich jüdisch-christliche Motive mit altiranischen Überlieferungen verbanden, scheint diese Tradition bewahrt zu haben. Man erinnerte sich noch in dem längst islamisierten Iran des 18. Jahrhunderts an diese Mysterienlehre. So war es bei den

68 Zu den im Folgenden zusammengestellten Motiven, siehe: Henry Corbin, *Terre céleste et corps de résurrection.*

shi´itischen Lehrern damals noch gängig, von *Hûrkalyâ* zu sprechen, der himmlischen Erde, in der die Samen der Auferstehungsleiber aufbewahrt sind.

Das Motiv wanderte weiter und erreichte den Westen. Die Manichäer, später die Katharer Südfrankreichs sprachen von der *Terra lucida* und der *Terra pestifera.* Letztere – als physische Erde, die undurchsichtig, dumpf und besudelt dargestellt wird – ist das Ergebnis eines kosmischen Falles, der die Natur und den Menschen unter das Niveau seines ursprünglichen Zustands hinunterriss. Alles weist darauf hin, dass in einer weltgeschichtlichen Synthese eine Begegnung und eine Durchdringung des Geistes Irans mit dem Okzident stattgefunden haben. Der *Parzival* des Wolfram von Eschenbach ist das zentrale Zeugnis dieses Vorgangs. Das Motiv der Lichterde klingt in jenem IX. Kapitel auf, wo der suchende und irrende Held des Romans an einem Karfreitag durch den Einsiedler Trevrizent am Rande des Gralsgebietes über die Bedingungen seiner Geistsuche und die Mysterien des Grals selber belehrt wird. Hier wird in Ausdrucksformen christlicher Spiritualität des Mittelalters das Thema variiert und angereichert:

> *Von dem Zweifel will ich Euch sofort befreien. Sage ich Euch nicht die wahre Wahrheit, so dürft Ihr Euch meine Unwahrheiten verbeten. Die Erde war Adams Mutter, denn er lebte von den Früchten der Erde, sie war seine Nährerin. Gleichwohl war die Erde eine Jungfrau. Aber nun will ich Euch sagen, wer ihr die Jungfräulichkeit nahm. Adam war Kains Vater, Kain erschlug Abel um kümmerlichen Gutes willen. Als nun Blut auf die reine Erde fiel, da war ihre Jungfräulichkeit dahin. Die nahm ihr also Adams Sohn, ihr eigner Enkel. Da zuerst erhob sich der Menschen Grimm, und seitdem währt er immerfort. In der Welt ist wahrlich nichts so Reines wie ein argloses Mägdlein. Erwäget selbst, wie rein die Mägdlein sind: Gott war selbst des Mägdlein Kind. Zwei Menschen wurden von Jungfrauen geboren: Adam und Christus.*

Gott selbst hat Menschenantlitz angenommen nach dem Sohn der ersten Jungfrau, der Erde. [69]

„Irgendwo gibt es das Antlitz unserer Erde"

In Trevrizents Belehrung wird eine Auffassung vertreten, die Fall und Erlösung von Mensch und Welt als zusammengehörig erfasst und aufeinander bezieht. Hier wird Sünde nicht auf die Schuldhaftigkeit des Menschen allein reduziert. Sie erscheint vielmehr als eingezeichnet in den Kosmos als Ganzes und in das planetarische Schicksal der gesamten Menschheit. Die kosmische Dimension des Sündenfalls wird evident. Lässt man aber die Atmosphäre auf sich wirken, in der die Worte Trevrizents schwingen, bezieht man die Stimmung des Ortes ein, in der sie gesprochen werden, erlebt man die Sphäre des Friedens, die in dem ganzen Abschnitt des Buches ausgebreitet ist – inmitten äußerster Turbulenz in den Kapiteln vorher und nachher: Dann wird die weiterwirkende Wirklichkeit einer Lichterde als Gegenwart zum bleibenden Eindruck. Gegenwart als Empfangendes und Strahlendes im Gewebe der Wirklichkeit.

Erde, ist es nicht dies was du willst: unsichtbar
in uns erstehen? Ist es dein Traum nicht,
einmal unsichtbar zu sein? – Erde! Unsichtbar!
Was, wenn Verwandlung nicht, ist dein drängender Auftrag?[70]

Die giftigen Ausdünstungen einer *Terra pestifera* werden heute selbst dem eingefleischtesten Materialisten nicht entgehen. Der Hass zwischen den Menschen scheint sich unaufhaltsam zu vermehren. Jede Suche nach Wirklichkeit findet sich irgendwann mit der Prüfung konfrontiert, in der die Seele aufgerufen ist, an sich selber die

69 Wolfram von Eschenbach: Parzival, IX. Buch. Übersetzung von Wilhelm Stapel.
70 Rainer Maria Rilke: 9. Duineser Elegie.

Frage zu stellen: „Was tust du, um der Erde ihr wahres Bild zurückzugeben? Hast du begriffen, dass die „Chiffre" der Erde und die der Seele ein und dieselbe ist? Kennst du das wahre Antlitz der Erde?"

Ich glaube nicht mehr, dass es Schiffbrüche gibt.
Es gibt eine blaue Maske im Grunde jedes Brunnens.
Brotträgerinnen schreiten einher und lösen sich ab.
Leben erinnern sich an andere Leben.

Es wird immer
ein Fenster geben, aus dem man sich beugen
ein Versprechen, das man halten,
einen Baum, an den man sich lehnen kann.

Irgendwo gibt es das Antlitz unserer Erde.
Wer sagt uns seinen Namen?[71]

71 Aus dem Gedichtband der libanesisch-französischen Dichterin Andrée Chédid: *Seul le Visage.* Édition G.I.M. 1960 (Übersetzung JD).

Erscheinungsnachweise

Anthroposophie und religiöser Pluralismus
Probleme und Perspektiven eines modernen Dialogs
Info3 5 – 7/2008

Gott spricht auch vom Menschen her
Die Esoterik des Ich in Judentum und Buddhismus
Info3 2 – 3/2008

Islamische Theosophie.
Eine spirituelle Tiefenströmung des Islam
Info3 12/2006

Ein Abbild der Menschheit im Kleinen
Franz Josef Molitors Philosophie der Geschichte
Info3 12/2000

Die Jesus-Sutras
Vorläufer einer integralen Ost-West-Begegnung
Info3 3/2007

Buddhismus und Bewusstseinsseele
Das Goetheanum, 79. Jahrgang, 2000, Nr. 42

Lichterde und Paradies
Das Goetheanum, 79. Jahrgang, 2000, Nr. 51/52

János Darvas

1948 in Budapest als Kind einer jüdischen Familie geboren, studierte Philosophie in Wien und Paris. Seit 1973 Tätigkeit als Waldorflehrer. Langjähriger fachlicher Leiter des Instituts für Waldorfpädagogik in Solymár / Ungarn. Darvas ist Autor der Zeitschrift *info3 – Anthroposophie im Dialog* und Korrespondent der Wochenschrift *Das Goetheanum.* Kommentare und Essays zu zeitgeschichtlichen, spirituellen und religiösen Fragen in verschiedenen deutsch- und französischsprachigen Publikationen.

Aus unserer Edition:

AXEL ZIEMKE

IM NETZWERK DER UNSTERBLICHKEIT

IST REINKARNATION MÖGLICH?

Ein Biochemiker und ein Philosoph im Selbstgespräch über Gehirn, Bewusstsein und geistige Welten

Dieses Buch ist vieles in einem: eine Abhandlung über die Unsterblichkeit der Seele, eine Einführung in die moderne Hirnforschung und ein Abriss der Philosophiegeschichte von Plato bis Hegel und Steiner. Vor allem aber ist es auf hohem Niveau eine unterhaltsame Selbstbefragung in der Tradition des Sokratischen Dialogs zwischen zwei Seelen, der naturwissenschaftlichen und der philosophisch-spirituell geprägten Neigung, die sich in der Brust des Autors gefunden haben und miteinander streiten. Im Ergebnis öffnet sich für die alte Frage nach der Möglichkeit von individueller Reinkarnation (Wiedergeburt) ein überraschend neuer Horizont – nirgends anders als auf dem Gebiet der neurologisch basierten Kognitionsforschung.

Dr. Axel Ziemke studierte Biochemie und promovierte zum Dr. phil. mit einer Arbeit über Hegel. Er war Postdoktorand am Graduiertenkolleg „Kognition, Gehirn, Neuronale Netze" an der Universität Bochum und Mitarbeiter des Instituts für interdisziplinäre Forschung in Österreich. Zahlreiche Veröffentlichungen und Artikel in Fach- und Publikumszeitschriften.

Axel Ziemke: Im Netzwerk der Unsterblichkeit, edition info3, Info3-Verlag, Frankfurt am Main, 160 Seiten, Hardcover, ISBN 978-3-924 391-36-2